Prier 15 jours avec

LE PÈRE CORMIER

COLLECTION PRIER 15 JOURS

• Des livres sources
– pour passer quinze jours en compagnie d'un maître spirituel à la manière de ces temps de retraite qui ouvrent une brèche dans notre univers quotidien.

• Des livres pratiques
– un rappel biographique en début de volume
– un itinéraire balisé en introduction
– une entrée dans la prière répartie sur les quinze chapitres de l'ouvrage
– pour aller plus loin, une bibliographie expliquée.

• Des livres accessibles
– un ressourcement qui va à l'essentiel pour des chrétiens actifs
– une information donnée de l'intérieur pour un public plus large.

Prier 15 jours avec

LE PÈRE CORMIER

maître de l'Ordre dominicain

par Albert-Henri KÜHLEM o.p.

nouvelle cité

Nihil obstat
Fr. Jean-Marie Mérigoux o.p.
Fr. Dominique Barré o.p.

Imprimi potest
Fr. Loïc-Marie Le Bot o.p.
Provincial de la Province de Toulouse

21.05.2016, en la fête du bienheureux
Fr. Hyacinthe-Marie Cormier o.p.

Composition : Pauline Wallet
Couverture : Florence Vandermarlière

Illustrations de couverture :
p. 1, portrait du P. Cormier, auteur inconnu.
L'église du couvent des Dominicains de Marseille,
© Norbert Jung, www.esprit-photo.com
p. 4, portrait de l'auteur, © Vincent Lucas.
www.facteursdimages.com

Domaine d'Arny
91680 Bruyères-le-Châtel
www.nouvellecite.fr

ISBN 9782853138475
ISSN 1150-3521

En reconnaissance envers le P. Thomas Mehrle o.p. (†), le P. Guy-Thomas Bedouelle o.p. (†) et le cardinal Walter Brandmüller qui m'ont orienté vers la province du P. Hyacinthe-Marie Cormier ainsi que le P. Arnauld Lamouille o.p. et le P. Thierry-Marie Hamonic o.p., mes pères maîtres.

LE P. HYACINTHE-MARIE CORMIER OU LA FORCE DANS LA FAIBLESSE

Parmi les Frères Prêcheurs, autrement dit les Dominicains, il y a beaucoup de saints et bienheureux. Il y a de ces saints et bienheureux dont on a au moins une fois entendu parler comme saint Dominique le fondateur, saint Albert le Grand et saint Thomas d'Aquin, saint Vincent Ferrier ou sainte Catherine de Sienne ou encore le bienheureux Fra Angelico. En revanche, le bienheureux Hyacinthe-Marie Cormier ne fait pas partie des bienheureux qui attirent immédiatement un intérêt particulier. C'est peut-être parce que sa physionomie inspire moins la chaleur d'un bon père dominicain qu'une certaine austérité, n'invitant pas directement à la confiance. Cela semble même avoir impressionné ses confrères. Ils n'osaient pas l'élire en 1891 comme Maître de l'Ordre et successeur de saint Dominique : « Ses forces paraissaient bien précaires. Depuis longtemps déjà il avait tout du vieillard. Sa taille avait pris cette position à-demi voûtée, qui frappait tant par l'impression de recueillement qu'elle donnait. Sa tête, toujours inclinée en avant, qu'il fût assis ou qu'il marchât, étonnait par sa maigreur et sa pâleur. La couronne de blancs cheveux, qu'il portait toujours bien faite, débordait de sa tête à la manière d'un nimbe. Les bras, presque toujours croisés sous le blanc scapulaire trop large pour ses pauvres épaules, et qui pendait toujours mal, soulignaient davantage l'étroitesse de sa poitrine, que l'on devinait d'une maigreur extrême, et d'où sortait un cou émacié où faisaient saillie de grosses veines. On l'aurait cru tout prêt de rendre le dernier soupir » (CA, p. 172). Le paradoxe de l'histoire voulait que les frères élisent le P. Cormier douze ans plus tard comme Maître de l'Ordre, une charge dont il termina son mandat pour rendre son âme quelques mois après, le 17 décembre 1916.

Henri Cormier est né le 8 décembre 1832 à Orléans. Avec son frère Eugène il sera élevé par sa mère seule, car son père meurt accidentellement quelques années après sa naissance. Chez les Frères de la Doctrine chrétienne, il reçoit le fondement de son éducation religieuse. En entrant au petit séminaire de La Chapelle en 1845, il commence sa carrière ecclésiastique qui au début ne se révèle pas tout à fait prise au sérieux. Mais la mort subite de son frère aîné Eugène, à 18 ans, lui aussi séminariste, le fait mûrir. Désormais, il décide de se donner à Dieu sans aucune réserve. Il entre au grand séminaire de Mgr Dupanloup d'Orléans et sera ordonné prêtre le 17 mai 1856. Aussitôt, le 29 juin, au grand regret de Mgr Dupanloup, Henri Cormier quitte le clergé séculier pour prendre le bel habit noir et blanc des Dominicains pour entrer au noviciat des Frères Prêcheurs à Flavigny. Dans l'Ordre des Frères Prêcheurs, il s'appelle désormais frère Hyacinthe, prenant le nom du grand dominicain qui évangélisa l'Europe de l'Est. Un peu plus tard et par dévotion à la Mère de Dieu, il ajoute à son nom de religion celui de Marie.

Sa vocation à la vie religieuse s'éveilla au séminaire. Pendant des vacances, il chercha à rencontrer le célèbre P. Henri Lacordaire pour lui poser la question sur un éventuel appel à la vie religieuse chez les Dominicains. La réponse de Lacordaire fut claire : « Vocation nulle, ou pas mûre », ce qui voulait dire au final que l'affaire était tranchée. Mais pour le jeune séminariste elle ne l'était apparemment pas. Après son entrée dans l'Ordre, la grâce continuait à s'épanouir et Fr. Hyacinthe-Marie se conformait de plus en plus à elle.

Cependant le noviciat et les premières années dans l'Ordre ne se passaient pas sans difficultés. La santé de Fr. Hyacinthe-Marie était la source de beaucoup de soucis. À la fin du noviciat il fut donc décidé qu'il ne prononcerait des vœux religieux d'abord que pour deux ans seulement. Il était en plus question de l'envoyer en Irak au couvent de Mossoul à cause des meilleures conditions climatiques. Mais finalement, c'est le P. Vincent-Alexandre Jandel, le Maître de l'Ordre à cette époque, qui envisagea pour ce jeune frère un séjour en Italie. Cette décision fut le commencement d'une profonde amitié entre ces deux frères et orienta le chemin de Fr. Hyacinthe-Marie vers la future tâche du gouvernement dans l'Ordre. Le P. Jandel ne se laissa pas influencer par la faible constitution de Fr. Hyacinthe-Marie et le nomma immédiatement sous-maître des novices. De plus, il le choisit comme secrétaire particulier. Mais l'échéance des deux ans de vœux simples approchait et la fragile santé du jeune frère n'avait pas vu d'améliorations considérables. Le P. Jandel soumit la situation directement au pape Pie IX qui décida que Fr. Hyacinthe-Marie Cormier pouvait être accepté aux vœux solennels, si sa santé se maintenait durant un mois. C'est justement le trentième jour que Fr. Hyacinthe-Marie subissait une crise de crachement de sang. Pie IX, informé de cette situation, décida en faveur du malade, car il serait mieux pour ce jeune frère de mourir avec que sans les vœux. Il fit donc profession solennelle le 23 mai 1859. Encore cinquante-sept années de vie d'une activité hors norme attendaient le P. Cormier.

La première affectation du P. Cormier l'amène en Corse à Corbora, où il est successivement maître des novices et prieur. Ensuite, à 33 ans, il est nommé provincial de la province de Toulouse, nouvellement refondée par le P. Jandel. Les frères semblent être heureux du choix du P. Jandel, car à la fin du premier mandat ils élisent le P. Cormier pour un deuxième mandat et après un intérim de trois ans ils l'élisent pour un troisième mandat. S'il n'est pas provincial, il est prieur successivement de plusieurs couvents. Il réconforte les frères, les aide et les écoute. Il s'occupe de différentes congrégations de sœurs dominicaines ou non dominicaines. La réalisation de plusieurs projets a vu le jour sous son provincialat : la fondation du monastère des moniales de Saint-Maximin, la refondation du monastère des moniales de Prouillhe et la construction du couvent des frères de Marseille avec le célèbre architecte Pierre Bossan, le même qui a construit Notre-Dame de Fourvière à Lyon et la basilique d'Ars.

En 1891, le P. Cormier retourne à Rome en tant que socius du Maître de l'Ordre, assumant la charge de représenter le successeur de saint Dominique dans les provinces de langue française. En plus de cette charge, il se voit confier la responsabilité de procureur du Maître de l'Ordre qui s'occupe de toutes les relations et affaires concernant les diverses congrégations romaines du gouvernement de l'Église. Le pape Léon XIII était tellement impressionné par son travail qu'il songeait à le créer cardinal, ce qui fut empêché par le gouvernement français. Heureusement d'ailleurs, car l'Ordre l'aurait dans ce cas-là d'une certaine manière « perdu ». À 72 ans il fut élu 76e successeur de saint Dominique et Maître de l'Ordre.

À cause de son âge et de sa santé fragile, il se considère comme un Maître Général de transition. Mais toutes ses tentatives pour se décharger du gouvernement de l'Ordre ne sont acceptées ni par les frères, ni par le pape Pie X qui encourage personnellement celui qu'il appelait « *il santo* » de tenir jusqu'au bout. L'apparence extérieure ne peut tromper ni les frères ni le pape. Le P. Cormier dégage une énergie irrésistible et captivante : « [...] Mais qu'il eût à marcher ou à exposer sa pensée : l'énergie de son allure, la netteté de ses expressions, la vivacité de son regard pénétrant, incisif et cependant très doux, avaient tôt fait de révéler la mâle énergie qui semblait sommeiller en lui, et triomphait bien vite de toutes les indispositions, de toutes les fatigues » (CA, p. 172). Et l'activité du P. Cormier montre qu'il n'était effectivement pas fatigué. Il entreprend de longs voyages pour visiter les provinces lointaines et pour être proche de ses frères. Celui qui ne possédait aucun diplôme universitaire fonde à Rome l'université Angelicum où les cours commencent dès 1909. Il doit affronter les conflits intellectuels et théologiques de l'époque à l'intérieur et à l'extérieur de l'Ordre et rétablir la paix dans les communautés où ces querelles avaient affecté la vie fraternelle. Aussi agissait-il toujours avec une bonté et une miséricorde qui ne manquaient pourtant pas d'une certaine clarté virile pour établir l'ordre et la paix. Par exemple, la correspondance écrite entre le P. Cormier et le P. Lagrange, le fondateur de l'École biblique, qui elle-même donnait occasion à quelques irritations avec le Saint-Siège, montre justement la sagesse et la prudence avec lesquelles le P. Cormier savait gérer les dossiers brûlants.

À la fin de son mandat le P. Cormier se retire au couvent de Saint-Clément près du Colisée. Entouré de ses frères, il rend l'âme à Dieu le 17 décembre 1916, le jour même où l'Ordre dominicain fête le 700ᵉ anniversaire de sa fondation. Le 20 novembre 1994, le P. Cormier est béatifié par le pape Jean Paul II.

Le P. Cormier s'est choisi comme devise « L'amour de la vérité ». Son blason de Maître de l'Ordre représente un pélican abreuvant de son sang ses petits, symbolisant le Christ donnant son sang pour sauver l'humanité. C'est cet amour de la vérité qui a animé toute son existence. Il savait avec saint Thomas d'Aquin que le plus grand bien qu'on puisse donner à son prochain est de le faire passer de la tristesse de l'erreur à la joie de la vérité. Combien d'heures a-t-il passé en tant que supérieur en conversation ou en correspondance avec ses frères et sœurs pour les consoler, les encourager, les conseiller et leur rappeler que si tout s'écroule, une chose compte, c'est le Christ. Le P. Cormier peut nous aider à redécouvrir cet amour de la vérité pour nous-mêmes et pour notre prochain, afin de trouver une paix que le monde ne peut pas donner.

« MA PRÉDICATION N'A RIEN DE REMARQUABLE »

Dès la fondation de l'Ordre des Prêcheurs, un mythe s'est installé : un fils de saint Dominique, en l'occurrence un frère prêcheur, est automatiquement et avant tout un prédicateur remarquable. L'expérience montre que ce n'est pas toujours le cas. Le P. Cormier se donne lui-même comme exemple quand il pense à la qualité de ses homélies dominicales au couvent de Marseille : *Je crois que ma prédication n'a rien de remarquable : seulement j'espère faire du bien aux âmes pieuses. Je tâche de faire que mon langage ait assez de distinction pour être bien accueilli des personnes plus instruites, et que le fond soit capable d'éclairer même les simples. Je voudrais faire de grands sermons que je ne le pourrais. Si j'arrivais à tourner les âmes vers Dieu, sans qu'on pensât à moi, au moins sous un aspect humain, ce serait* l'omne tulit punctum *(on aurait tout gagné)* (CA, p. 252). La question est celle-ci : quand une homélie peut-elle être appelée grande et remarquable ? Une homélie bien travaillée et stylée au point d'être remarquée par les illustres membres de l'Académie française n'est pas forcément et toujours lumière spirituelle. Ce n'est pas le but du P. Cormier de briller devant les hommes par ses homélies. Déjà Lao Tseu n'a-t-il pas dit : « Qui ne regarde que soi-même ne peut pas briller. » La seule chose qui compte pour le P. Cormier c'est de toucher les cœurs de tous ses fidèles sans exception. Il prêche non pour se montrer, mais pour que tout le monde se rappelle la joie que procure le fait d'être enfant de Dieu et que personne au monde ne les aime autant que Jésus Christ lui-même. C'est dans cette motivation que se trouve la grandeur d'une homélie, même si elle paraît simple aux oreilles du monde.

Les citations du P. Cormier qui veulent animer la méditation du lecteur peuvent être lues et méditées en ce sens. Les paroles du P. Cormier n'ont rien de prétentieux, mais dans leur simplicité et leur actualité, elles essaient d'ouvrir les cœurs pour une rencontre personnelle avec le Christ.

Le plan de ce petit ouvrage s'inspire de Maître Eckhart, un très ancien confrère du P. Cormier qui disait : « Les gens devraient moins s'occuper de ce qu'ils devraient faire, mais plus de ce qu'ils devraient être. » Maître Eckhart fait référence au vieux principe de l'éthique thomasienne : *agere sequitur esse,* l'agir suit l'être, c'est-à-dire qu'un homme heureux est celui qui est ce qu'il devrait être et en tant que tel agit nécessairement bien. La morale de saint Thomas ne vise pas en premier lieu l'agir en tant que tel, mais l'excellence de l'existence humaine. Les sept premiers jours ou chapitres ont comme intention d'orienter la méditation sur quelques attitudes intérieures de l'existence humaine, indispensables pour une vie dans une harmonie recherchée. À partir du huitième jour de notre parcours seront méditées les conséquences d'une telle exigence existentielle. Le quinzième et dernier jour du parcours ose un regard vers le fruit de toute réalisation existentielle et de tout épanouissement humain : la joie indéniable, car soutenue par la miséricorde.

SIGLES UTILISÉS

GE M.-A. Genevois, « Le Père Hyacinthe-Marie Cormier », in : *Revue du Rosaire,* 1935, pp. 102-109 et 137-145.

CA M.-R. Cathala, *Le Révérendissime P. Hyacinthe-Marie Cormier des Frères Prêcheurs, 76e général de son Ordre – Sa vie intime,* Avignon, 1927.

AIMER SON SIÈCLE

Il faut travailler, mais bien travailler, aimer son siècle, mais repousser ses erreurs, se défier de soi, se tenir près de Dieu et marcher sous son action, avec docilité à ses représentants. Alors, le bien se fera; on tendra la main au monde moderne sans en contracter les maladies; on substituera au progrès vaniteux, présomptueux, inconsidéré, le progrès véritable. Heureux qui comprend ces choses et les réalise! Voilà le vrai ami de son siècle. Que Dieu nous donne par milliers de ces sauveurs (CA, p. 207).

Le P. Cormier écrit ces lignes le 4 août 1916, quelques mois avant sa mort. Il s'inquiète des fortes tendances de perte de la foi en Christ, due aux tentations multiformes du progrès technique et de l'autosuffisance de l'homme qui semblent devenir le nouveau veau d'or auquel l'on est prêt à sacrifier l'identité chrétienne. Cette perte connaît différents stades ou étapes. Il y a des personnes, écrit-il, qui *se soumettent sincèrement au règne de la Foi, mais la maintiennent dans les compartiments de la piété personnelle, lui laissant peu d'action sur le terrain de l'action extérieure. [...] Peut-être même que cette Foi les gêne [...]. Elles restent donc croyantes, mais ne sont pas apôtres.* Pour d'autres *restera bien quelques croyances, mais flottantes, au lieu d'être fixes et fermes comme la pierre, quelques instincts pieux, mais nuageux et vacillants. Elles s'approchent peut-être encore des sacrements, de temps en temps, passant par-dessus la question essentielle et scabreuse. Quelle vie, quelle piété, quelle action! Quel jugement de Dieu, quelle Éternité! Et parfois on n'en reste pas là. On en vient à l'incrédulité franche, froide, impénitente. Ou l'on tombe dans les aberrations incroyables, comme la théosophie, la cabale, le spiritisme, etc., etc., et même le bouddhisme* (CA, p. 206)!

Quelle actualité! Et pourtant, le remède que propose le P. Cormier pour défendre la foi n'est pas de diaboliser son siècle, mais justement de l'aimer. Face à l'Histoire, l'homme subit souvent la grande tentation soit de diaboliser son propre siècle pour glorifier celui du passé, soit de déguster le siècle présent comme s'il n'y avait ni passé ni avenir. Les extrêmes se touchent, car ces deux manières de se comporter sont caractérisées par un refus de dire un oui « tout net » et sans réserve au temps présent. Le P. Cormier invite en revanche à ce « oui » absolu sans concession. Mais comment est-ce possible, car l'on ne peut pas dire oui à tout! Évidemment! Il faudrait dire oui à la manière du Christ et selon son Esprit. En d'autres termes, il faudrait véritablement avoir revêtu le Christ, pour voir les choses comme lui les voit et pour pouvoir dire oui au siècle présent comme lui le ferait s'il venait aujourd'hui sur terre.

Être revêtu du Christ! Quelle audace! Et comment faire, car il ne s'agit pas d'un vêtement habituel. « Le diable s'habille en Prada », dit-on. Sa sainteté le pape émérite Benoît XVI s'habille en Gammarelli ou Mancinelli et porte en plus, selon certaines sources, des lunettes de soleil Gucci. Mais la marque de haute couture de Jésus, nous ne la connaissons pas. À l'époque de Jésus il n'y avait ni Hugo Boss, ni Lacoste, ni Versace, ni Jil Sander, Tommy Hilfiger ou Calvin Klein. Peut-être, avec un peu de chance, connaissait-on déjà à cette époque la marque Levi Strauss ou la Maison Rabih Kayrouz – nous ne le savons pas –, mais une chose est sûre, car cela nous a été révélé par l'Évangile : les vêtements de Jésus ont attiré l'attention de la femme au flux de sang, celle qui voulait les toucher pour être guérie de sa maladie. Par son insistance à vouloir être guérie, elle avait un peu agacé les apôtres.

Qu'elle veuille être guérie, cela les apôtres l'ont très bien compris, car tout le monde désire être guéri. La liste d'attente est longue, fort longue et, en fait, Jésus permet à chacun de trouver sa propre méthode pour être guéri. Mais, la méthode qui consiste simplement à toucher le vêtement de Jésus, cette simple idée qui permettrait en plus de gagner du temps, n'est jamais venue à l'idée de quiconque. Quand Jésus posa la question : « Qui a touché mon vêtement? » (Mc 5,30), tout de suite les apôtres pensèrent que Jésus devait vraiment être fatigué, car poser une telle question quand la foule semblait presque étouffer Jésus, ne lui semble vraiment pas très rationnel. De plus, pourquoi Jésus s'inquiète-t-il tout à coup de son vêtement qui n'est pas forcément plus propre que le leur et qui porte les mêmes signes d'usure? Mais quoi qu'il en soit, les apôtres se réjouissent avec cette femme guérie, sa méthode a été efficace, et ce qui est le principal, c'est qu'elle est heureuse maintenant.

Mais la leçon que Jésus leur donne ensuite en faisant le lien entre son vêtement et la foi, ils ne l'ont pas comprise tout de suite. Saint Paul y a repensé plusieurs fois et il en a parlé quand il écrivit ses épîtres aux Romains, aux Galates et aux Éphésiens. Le vêtement est un symbole de l'esprit du Christ lui-même. La femme qui voulait toucher le vêtement du Christ ne cherchait en fait pas d'abord son vêtement en tant que tel comme moyen de guérison, mais l'union de son esprit à celui du Christ pour être guérie et renouvelée de l'intérieur. C'est pourquoi saint Paul recommande à chacun de nous, en pensant à cette femme de l'Évangile, d'avoir la même attitude qu'elle quand il dit : « Revêtez le Seigneur Jésus Christ » (Rm 13,14) et encore : « Vous tous en effet, baptisés dans le Christ, vous avez revêtu le Christ » (Ga 3,27). En d'autres termes : Notre couturier ne s'appelle pas Karl Lagerfeld, Valentino, ou Christian Dior. Notre couturier c'est le Christ lui-même, qui nous habille en lui-même, c'est-à-dire qu'il conforme notre cœur et notre esprit au sien.

Uni à l'esprit du Christ, l'homme peut véritablement dire oui à son siècle, sans avoir peur de tomber dans l'un ou l'autre extrême du refus. Il *tendra la main au monde moderne sans en contracter les maladies* et il *substituera au progrès vaniteux, présomptueux, inconsidéré, le progrès véritable.* En d'autres termes, il s'engage et il travaille à sa place et selon son rang pour le royaume du Christ. Il devient un autre Christ, un apôtre pour son siècle, et pour parler avec les mots du P. Cormier, il devient le *sauveur du siècle.*

À la fin du film *Le diable s'habille en Prada* Mrs Priestley, la grande vedette du monde de la mode, essaie de distraire la mauvaise conscience de son assistante Andréa qui commence à douter de sa vocation dans le milieu de la haute couture : « Ne soyez pas ridicule, Andrea, dit Mrs Priestley, tout le monde veut cela, tout le monde veut être nous. » Si notre marque de vêtement s'appelle le Christ et si nous vivons véritablement dans ce milieu de la haute couture christique avec une joie sincère, tous ceux qui ne portent pas encore cette marque et ne vivent pas encore dans le milieu des baptisés, devraient nous envier au plus profond de leur cœur et nous pourrions le confirmer en disant : « Oui, tout le monde veut cela, tout le monde veut être nous, tout le monde veut être un autre Christ. Soyez les bienvenus. » Mais si cela n'est pas vraiment le cas, si nous ne pouvons pas vraiment le dire, c'est peut-être parce que nous préférons encore la marque de vêtement de la concurrence…

POURQUOI S'AGITER?

Pourquoi s'agiter? Pourquoi faire des réflexions vaines sur les misères quotidiennes qui sont des miséricordes de Dieu? Jésus se taisait. C'est une des plus belles leçons de sa Passion (CA, p. 228).

Comment ne pas s'agiter face aux misères quotidiennes, nos misères personnelles, celles du prochain et du monde? Cela ne signifierait-il pas passer à côté de la réalité, si l'on considère les misères comme des miséricordes divines et le silence comme salutaire? Au lieu de se taire face à la souffrance, pourquoi ne pas plutôt faire taire la misère et tout ce qu'elle engendre?

Dans un de ses contes de Noël, l'auteur anglais Charles Dickens nous raconte l'histoire de Mr Redlaw dont, avec son consentement, un esprit fallacieux efface la mémoire, plus précisément cette mémoire qui contenait toutes les misères, les souffrances et les tribulations de ce monde. Cette libération de la mémoire douloureuse a cependant une conséquence. La souffrance et la misère n'existent pas sans lien avec la compassion, la bonté et en fin de compte l'amour. Demander alors d'effacer la mémoire de toute souffrance signifie en même temps aussi l'effacement des sentiments qui y sont liés. Mr Redlaw paie donc très cher. L'attitude du cœur de Mr Redlaw change proportionnellement à la perte de sa mémoire des souffrances et des misères : désormais, la confrontation avec la souffrance du monde ne réveille plus en lui des souvenirs de bonté et de compassion. Avec le tarissement de la mémoire se dessèche aussi l'amour. Mr Redlaw devient glacial et indifférent face à la misère. Il diffuse cette froideur autour de lui et il s'enferme en lui-même. Mais cela n'est pas la seule conséquence. En plus de la charité, il perd aussi toute espérance.

Les souvenirs et les expériences de bonté qui naissent des souffrances sont toujours la racine de l'espérance : l'homme qui n'a pas de bons souvenirs ou d'expériences, ne peut rien espérer. Seul celui qui se souvient peut espérer. Qui n'a jamais éprouvé la bonté, ne la connaît pas. La psychologie nous le confirme : si l'on réussit à réveiller chez un désespéré le souvenir d'une expérience de bonté ou d'amour, il recommence à croire à la bonté, il recommence à espérer et au sein du désespoir, une porte s'ouvre. Combien de fois des personnes qui se sont éloignées de l'Église se sont converties en repensant à leur première communion, combien de prêtres ont raffermi leur foi en repensant à leur première messe. Souvenir et espérance sont inséparables et intimement liés. Qui détruit le passé ou l'empoisonne, détruit les fondements spirituels de l'espérance. Dietrich Bonhoeffer l'exprime ainsi : « Le souvenir est le seul paradis dont nous ne pouvons pas être chassés. »

Le souvenir des souffrances du Christ qu'évoque le P. Cormier, signifie justement cette combinaison du souvenir et de l'espérance. Le souvenir du Christ silencieux face à une souffrance injuste, mais qui lui donne l'occasion de la plus grande preuve d'amour que le monde ait jamais vue et ne verra plus jamais après, nous guérit. Ce souvenir nous donne l'espérance qu'un jour Dieu essuiera toutes les larmes de nos yeux.

Mais comment l'homme pourrait-il se rappeler quelque chose, dont il n'était pas lui-même le témoin direct? La réponse est presque trop banale pour être dite : la souffrance du Christ doit devenir mon propre souvenir, mon souvenir personnel, comme le souvenir du plus beau jour de ma vie. Il ne reste que la question : comment les bienfaits du Seigneur peuvent-ils devenir d'une manière existentielle mes propres souvenirs ? Sont indispensables tout d'abord un cœur et un esprit ouverts vers la réalité qui nous entoure, c'est-à-dire une ouverture qui ne se ferme à rien ni à personne. Sont indispensables un cœur et un esprit qui ne connaissent comme filtre de protection rien d'autre que la charité et l'amour. Si l'homme ne se referme pas sur lui-même, il découvre à nouveau la capacité de son esprit à accueillir tout et à devenir tout. L'esprit peut être imprégné par tout ce qui le touche. Ainsi, en revivant chaque étape de la vie de Jésus, celle-ci devient la possession personnelle de l'esprit humain. La vie de Jésus devient son propre souvenir et en plus – quel mystère – ce souvenir devient ouverture au présent et à la présence de l'amour divin même. Peut-il exister une meilleure perspective pour la vie humaine que cette espérance, basée sur le souvenir des temps passés, devenant présente et ouverte sur un avenir qui est l'accomplissement du souvenir même dans l'éternité ?

Aussi longtemps que l'homme est dans le temps, la souffrance gardera toujours sa face de douleur. En revanche, en union avec le Christ et ses souffrances, cette face brillera par le lien de la charité, qui révèle beaucoup plus que la souffrance seule dans sa cruauté. La souffrance peut devenir ainsi source de la miséricorde de maintes manières. D'abord parce qu'elle fait sortir l'homme de son train-train quotidien et de ses habitudes qui finalement le renferment sur lui-même. La souffrance aide l'homme à détourner son regard des faux dieux qui dans sa souffrance ne peuvent pas l'aider. La souffrance lui rappelle les fondements divins de son existence qui seuls lui donnent un sens. Voilà la miséricorde à laquelle pense le P. Cormier ! En plus, l'affrontement avec la souffrance du prochain peut tellement toucher le cœur de l'homme que lui-même devient à son tour source de miséricorde pour ceux qui ne peuvent pas s'aider eux-mêmes. Là encore brille la miséricorde dont les étincelles ne s'arrêtent pas à la surface de la souffrance même.

L'humanité de Dieu nous apparaît toujours par l'intermédiaire de l'humanité des hommes. Si la souffrance est une porte vers la miséricorde et si l'on rencontre quelqu'un qui base toute sa vie sur l'espérance du salut, qui croit en ce Christ qui est venu et qui reviendra, cette espérance du salut n'est plus une réalité lointaine, non, elle devient une réalité immédiate. Celui qui croit et qui garde l'espérance est ainsi une lumière pour ceux qui vivent encore dans les ténèbres. « Notre espoir à votre égard est ferme », nous dit saint Paul (2 Co 1,7). N'oublions jamais notre origine, c'est-à-dire notre propre histoire sainte et nous serons sauvés, car Jésus nous dit : « Une femme oublie-t-elle son petit enfant ? [...] Même si les femmes oubliaient, moi, je ne t'oublierai pas, vois, je t'ai gravée sur les paumes de mes mains » (Is 49,15-16). Le P. Cormier dit vrai : *Pourquoi s'agiter?*

LA PEUR DE L'AVENIR

Certainement, l'avenir est entre les mains de Dieu, et c'est bien heureux, car s'il était entre les nôtres, où irions-nous? L'important n'est donc pas de nous creuser la tête ni de peindre des tableaux plus ou moins sinistres, c'est d'entrer dans un abandon filial parfait (CA, pp. 242 s.).

L'homme du XXIe siècle a du mal à accepter la conception du P. Cormier. Comment peut-il oser proposer aujourd'hui une vision de l'avenir dont l'homme n'est pas l'acteur principal, c'est-à-dire celui qui s'organise pour contrôler et maîtriser tout pour prendre son avenir en ses propres mains? C'est vrai, l'intelligence de l'homme a fait ses preuves. Elle continue à réaliser ce qui, il y a quelques siècles, n'était même pas imaginable dans les rêves les plus osés. L'homme met toute sa confiance en la technique et il se méfie de Dieu. Dans une telle perspective d'une technique évoluant sans arrêt, un médecin américain a pu se féliciter en disant : « Enfin, bientôt nous serons comme Dieu! » Dans le même contexte l'on pouvait lire dans un journal français renommé qu'en vue du progrès dans tous les domaines des sciences naturelles, l'homme aurait bientôt une espérance de vie d'environ 300 ans. Mais, pour l'instant, ce n'est pas encore le cas. Le temps passe vite, la vie encore plus.

L'avenir fait peur justement, s'il est considéré en lien avec le temps. Le temps presse et que nous le voulions ou pas, notre vie est toujours courte et toujours orientée vers son terme final. L'homme aimerait bien arrêter ce mécanisme de vieillissement. De tout temps, il a essayé d'y remédier. Déjà les Égyptiens des temps des pyramides connaissaient des crèmes et des pommades contre ses effets indésirables. L'homme d'aujourd'hui a ajouté de la silicone et du botox, mais personne n'a jamais pu échapper à ce triste sort que le corps finalement retourne toujours à la poussière.

C'est pourquoi le bouddhisme zen propose une autre méthode qui prend son départ non de l'extérieur moyennant des crèmes et des pommades, mais de l'intérieur. Les animateurs de cette méthode nous affirment que l'homme lui-même est en possession d'un pouvoir qui pourrait renverser le mécanisme du vieillissement pour ainsi retrouver la jeunesse pour un temps infini. Il faudrait juste changer d'attitude et éliminer de l'esprit humain tout ce qui pourrait avoir un lien avec la mort ou la mortalité. Il suffirait de reprogrammer les cellules de lumière intérieure en bannissant radicalement du vocabulaire les mots « vieux » et « mortel ». Bref, il ne faudrait rien faire d'autre que nier d'une manière absolue le mécanisme du vieillissement.

Si le P. Cormier était encore parmi nous, il aurait peut-être essayé de dialoguer avec la personne qui exprime ainsi sa méthode pour réaliser son désir naturel de vivre éternellement. Il lui aurait peut-être dit que chercher un rajeunissement par des attitudes intérieures et des inclinations naturelles de notre existence, c'est déjà une très bonne approche. Mais il aurait ajouté que refuser la réalité inchangeable de la fin de notre vie n'était justement pas une bonne idée. Ce n'est pas la vérité qui doit se tourner vers l'homme, mais l'homme qui doit se tourner vers la vérité. Et elle est belle, la vérité : la vie terrestre touche certes, dans le temps, à sa fin, mais – et cela est le revers de la médaille – dans sa fin elle s'ouvre sur l'éternité. Il est évidemment difficile de prouver d'une manière scientifique l'existence de cette éternité, mais celui qui a fait l'expérience de la mort d'un proche qu'il aimait, n'acceptera jamais le fait que l'amour pour la personne perdue ne trouve pas après la mort son destinataire. Il est inimaginable que l'amour ne puisse pas dépasser les frontières du temps.

C'est justement la jeunesse qui a de l'espoir car elle a toute la vie devant elle. La jeunesse a l'avenir, une personne mûre a le passé. Le « pas encore » de la jeunesse se transforme, avec l'âge, en un « déjà ». Cette perspective est juste, si le temps était la seule réalité du processus du vieillissement. Cette perspective serait véritablement déprimante s'il n'y avait pas l'espérance. L'espérance, existentiellement réalisée, donne à la vie une tout autre perspective, c'est-à-dire un rajeunissement véritable. Dans l'espérance le « pas encore » de la vie ne s'arrête jamais ici sur la terre. Au contraire. Plus l'homme avance en âge, plus ce « pas encore » de la vie éternelle devient brûlant et donne une énergie nouvelle, car la vie éternelle approche. La vieillesse n'apparaît plus sous son angle gris et triste. Au contraire, la vieillesse, malgré ses souffrances extérieures, devient dans la perspective de l'espérance source de joie, car, chaque jour, se rapproche le jour où l'homme pourra enfin voir Jésus face-à-face. Par rapport à l'éternité, c'est la vieillesse qui rend jeune, car elle y est presque, et dans l'éternité il n'y a plus d'âge.

Une citation du livre de Job perd, dans cette perspective, son caractère angoissant et devient plutôt source d'espérance et de joie : « Mes jours ont couru plus vite que la navette et disparu sans espoir » (Jb 7,6). Le passé disparu ne peut pas donner de l'espoir, mais l'avenir peut donner l'espérance et cela d'autant plus que la fin de vie approche car enfin ma robe de noces sera prête et je pourrai me présenter devant le Seigneur. Saint Paul nous le rappelle : « Même si notre homme extérieur s'en va en ruine, notre homme intérieur se renouvelle de jour en jour. Car la légère tribulation d'un instant nous prépare, jusqu'à l'excès, une masse éternelle de gloire » (2 Co 4,16-17). Il n'y a qu'une seule condition : que l'homme se tourne vers la vérité, vers la vérité éternelle, vers le Christ. En d'autres termes, il faudrait que l'homme se convertisse et trouve en Jésus Christ son unique espérance, la seule qui puisse combler son désir et lui enlever sa peur existentielle. Tout l'effort de l'homme pour maîtriser avec une technique toujours plus sophistiquée le monde, sa vie et son avenir trouve sa racine dans une peur existentielle. L'homme du XXIe siècle a peur car il se sent seul sans Dieu. L'alternative est de se jeter dans les bras du Christ. Voici l'abandon filial, dont parle le P. Cormier.

UNE SEULE CHOSE COMPTE...

Gardez-vous bien de vous laisser aller à la mélancolie et au découragement pour la privation de certains secours spirituels. Autrement Notre-Seigneur pourrait vous dire : Est-ce que je ne te suffis pas? (CA, p. 242).

Pendant la Grande Guerre, le P. Cormier recevait maintes lettres de nombreux mobilisés dominicains qui lui confiaient leurs soucis, leurs peurs et leurs inquiétudes. Il ne laissait aucune lettre sans réponse : *Je vois par nos soldats combien un petit mot, une attention, la participation des nouvelles de leur Province les console, combien facilement, au contraire, s'ils ne reçoivent rien, leur tête travaille et leur fait appréhender qu'on ne soit indifférent à leur égard* (CA, p. 242). Les soldats étaient particulièrement préoccupés par la privation de la pratique de la vie spirituelle sur le champ de bataille. Comment prier quand partout il n'y avait que le bruit de la mort et les atrocités de la destruction contre le Créateur et sa création ? Le conseil du P. Cormier était clair ! La seule chose qui compte est la relation et l'union avec le Seigneur, quoi qu'il arrive ou quoi qu'on puisse faire ou non. Déjà, dans l'Ancien Testament, nous pouvons lire que Dieu se déclare comme un Dieu jaloux (cf. Dt 6,15). Il est tellement exigeant que tout, même la prière – à bon entendeur – ne passe qu'après la relation personnelle d'amitié avec le Seigneur. D'abord, suivre Jésus sans aucune réserve avec un oui tout net – et après l'on verra ce qu'il y aurait à faire ou à réaliser selon les possibilités de chacun et les circonstances du moment.

Cléopâtre, la reine d'Égypte, n'a pas connu le Christ, mais au moins, à sa manière, elle est aussi exigeante et « jalouse » que le Christ lui-même. La bande dessinée *Astérix et Cléopâtre* raconte que Jules César l'a blessée dans son orgueil en parlant de la petitesse du royaume d'Égypte par rapport à la grandeur de Rome. Elle demande alors à son sous-architecte : « Numérobis, l'Égypte est-elle le plus puissant empire du monde ? » « Oui… Euh… Exactement, madame », répond-il. Et Cléopâtre de reprendre : « Mais le monde romain en la personne de César en doute ! Je vais donc lui montrer de quoi l'Égypte est capable. Je vais lui construire le plus magnifique des palais ! Et c'est toi, Numérobis, qui en sera l'architecte. Va, Numérobis, construis ce palais, tu as trois mois. Top Chronos ! Autrement ce sont les crocos qui t'attendent ! » Le pauvre Numérobis ! Tout semble être contre lui : le temps, son manque apparent de talents architecturaux, la jalousie de son concurrent, le numéro un des architectes, Amonbonfils. Mais malgré toutes ces contraintes, il accepte la demande de Cléopâtre. Il se jette sans se poser trop de questions dans cette aventure invraisemblable. Et il réussit – évidemment avec un peu de potion magique, mais cela n'est pas l'essentiel. Ce qui est héroïque chez Numérobis, c'est qu'il a accepté de se donner à ce projet humainement irréalisable, sans savoir comment faire. Il y a été un peu forcé, c'est vrai, mais parfois la chance a besoin d'être forcée. À la fin, il a dû remercier la grande reine d'Égypte de son exigence qui est devenue sa propre gloire.

Et voilà ce que Jésus demande de chacun de nous – seulement cela : accepter sans calcul matériel ou sentimental de le suivre partout où il veut nous mener. Jésus lui-même est très clair là-dessus. Le calcul humain qui met beaucoup de choses avant le projet d'imiter le Christ, n'a aucune valeur pour lui. Au disciple qui était prêt à suivre Jésus mais demandait la permission d'aller d'abord enterrer son père, Jésus répondit : « Suis-moi, et laisse les morts enterrer leurs morts » (Mt 8,22).

Et d'une manière encore plus claire et directe : « Ainsi, puisque te voilà tiède, ni chaud ni froid, je vais te vomir de ma bouche » (Ap 3,16). Quant à la réalisation de suivre Jésus, humainement et à la vue du monde, c'est aussi fou que construire le palais de Cléopâtre en trois mois ou le temple de Jérusalem en trois jours. En fin de compte, le projet de suivre Jésus fait partie de ces projets qui, en soi, n'invitent pas facilement à être réalisés, vu leur exigence absolue. Même celui qui a échangé la richesse contre la pauvreté n'a pas encore atteint l'exigence dont parle le Christ. Il lui faudrait aussi renoncer à soi-même. En fin de compte, il serait plus prudent de renoncer au renoncement. Mais c'est justement à ce moment-là que Jésus demande de se jeter dans ses bras, sans regarder en arrière, à gauche ou à droite, en bas ou en haut. Il ne demande que de regarder celui qui a dit depuis la croix : « Moi, j'ai déjà fait l'impossible pour toi. Toi aussi, tu en es capable, j'ai confiance en toi! » Il ne cache pas non plus la perspective qui s'ouvrira immédiatement en le suivant : « En vérité, je te le dis, aujourd'hui tu seras avec moi dans le Paradis » (Lc 23,43). Jésus est radical et jaloux, car son amour pour nous est nourri de la même radicalité. Cet enracinement dans le Christ est aussi la seule manière de ne pas se perdre dans les tempêtes de la vie. Mais là encore : « Cherchez d'abord son Royaume et sa justice, et tout cela vous sera donné par surcroît. Ne vous inquiétez donc pas du lendemain : demain s'inquiétera de lui-même. À chaque jour suffit sa peine » (Mt 6,33-34). Jésus seul, et lui seul, compte. Le reste viendra tout seul.

Un dicton nous le rappelle : « Si vous voulez construire un bateau, il est inutile de réunir des hommes, de leur donner des ordres et de répartir les tâches. Donnez-leur simplement l'envie de partir à la découverte des mers lointaines. » Pour suivre Jésus, c'est la même chose. Suivre Jésus n'est pas une affaire de calculs, de travail matériel, de faire quelque chose. C'est une question de cœur à cœur et d'une énergie que le monde avec toutes ses ressources possibles ne peut pas apporter, car cette énergie s'appelle grâce que seul un cœur ouvert sans réserve peut accueillir. Le P. Cormier nous invite à réaliser en nous cette union de cœur à cœur, un lien qui devrait être indéchirable. Quand il n'est pas possible de prier d'une manière régulière, car les circonstances ne le permettent pas, les battements des cœurs unis remplaceront la prière désirée. En ce contexte, la seule raison d'une possible mélancolie ou dépression est le fait que ce lien fondamental avec le Christ n'est pas, n'est plus ou pas encore établi. Le P. Cormier se trouve dans cette perspective en bonne compagnie avec de nombreux saints comme sainte Thérèse d'Avila ou sainte Jeanne d'Arc : « Dieu premier servi. » Donner son cœur, cela demande du courage et c'est radical, car on n'en a qu'un seul. Cette radicalité fait peut-être peur. Mais cette question est déjà du calcul. Si j'aime le Christ, le calcul n'a plus de raison d'être. *Est-ce que je ne te suffis pas ?* N'ayons pas peur !

LA CONSOLATION DE LA CROIX

Du crucifix sort une lumière qui jette sur nos misères je ne sais quels beaux reflets. Elles nous deviennent aimables dans le souvenir de Dieu qui les supporte et les guérit. Nous ne nous faisons aucune illusion sur le mal, mais nous nous abandonnons aux soins du bon Samaritain qui sait faire de salutaires mélanges avec l'huile et le vin… (CA, p. 236).

L'on a pu lire dans les journaux, sur Facebook et Twitter qu'en Angleterre une jeune fille de 17 ans, enceinte de dix semaines, avait appris par les médecins qu'elle était atteinte d'un cancer. Avec une chimiothérapie, elle avait le choix de conserver sa propre vie au détriment de celle de l'enfant qui ne supporterait pas un tel traitement. La jeune fille n'hésita pas une minute : elle choisit la vie de l'enfant. Elle mit au monde l'enfant, un garçon – elle mourut quelques jours après. Ses derniers mots furent : « Je suis au bout, j'ai fait ce que je devais faire. Mon bébé est arrivé ici sain et sauf. » Elle a sauvé la vie de son bébé en donnant la sienne. Peut-être son fils comprendra-t-il mieux que tout autre ce que veut dire : « Nul n'a plus grand amour que celui-ci : donner sa vie pour ses amis » (Jn 15,13). Pour cet enfant, au moins, sort de la croix une lumière qui jette sur la misère humaine le beau reflet de l'amour. *Nous ne nous faisons aucune illusion sur le mal,* mais le sacrifice de cette mère est le salutaire mélange de l'huile et du vin avec lequel le bon Samaritain soigne les blessures de nos souffrances. Une question en revanche reste encore ouverte. Comment est-il possible que le P. Cormier ose dire que nos misères pourraient nous devenir *aimables dans le souvenir de Dieu qui les supporte et les guérit?* Ne tombe-t-il pas dans le piège d'un dolorisme qui glorifierait la douleur en tant que douleur? Faisons confiance au P. Cormier et laissons-nous guider par chacune de ses paroles.

Tout d'abord, il nous invite à nous souvenir de la vie de Jésus. Ce souvenir commence par la douceur de la nuit de Bethléem, cette nuit où Jésus, le roi de l'univers, naît en toute pauvreté dans une simple crèche. Déjà à Bethléem, Jésus supporte la vie avec toutes ses contraintes par amour pour nous. Le petit Jésus est si mignon et il est beau ! Le psalmiste le souligne particulièrement quand il dit : « Tu es beau, le plus beau des enfants des hommes, la grâce est répandue sur tes lèvres » (Ps 45,3). Mais le psalmiste ne magnifie pas simplement la beauté extérieure du sauveur. La grâce répandue sur ses lèvres renvoie à la beauté intérieure des paroles du Christ et à la splendeur de son message qu'il prononcera durant sa vie publique. Ainsi, dans la beauté du Christ, nous apparaît plus encore la beauté de la vérité, la beauté de Dieu lui-même, cette beauté bouleversante provoquant en nous cette blessure d'amour qui cherche l'union avec l'aimé. Déjà Platon considérait la rencontre avec la beauté comme ce bouleversement salvifique qui arrache l'homme du contentement de sa vie quotidienne et l'attire vers le haut. La beauté blesse, mais elle éveille l'homme vers sa plus haute destinée, car elle peut soulever le regard de l'homme jusqu'à Dieu, désirant déjà, même s'il est encore en exil, la communion et l'union avec celui qui est la source de toute beauté. La beauté du Christ nous bouleverse et en même temps elle nous ouvre la porte vers une connaissance que la seule déduction rationnelle ne peut pas nous donner.

Mais continuons à suivre Jésus et souvenons-nous de son chemin de croix et contemplons notre roi maltraité ! *Ecce homo !* En regardant le Christ crucifié, nous voyons Jésus : « sans beauté ni éclat pour attirer nos regards, et sans apparence qui nous eût séduits », comme nous dit le prophète Isaïe (53,2). Nous sommes confrontés à toute la laideur de la croix. Les chefs du peuple juif et les soldats romains nous le redisent maintes fois et encore aujourd'hui retentit leur écho : « Regardez bien votre roi. » Toute sa beauté n'est que mensonge, voilà la vérité, voilà la réalité, celui qui prétendait être roi est humilié autant qu'il est possible à un homme de l'être. Comment pouvez-vous croire encore à son message? Son message était beau comme lui, mais malheureusement, il était trop beau pour être vrai.

Il n'y a pas seulement ceux qui se moquent de sa faiblesse apparente en voyant la croix de Jésus. Nous nous souvenons aussi du bon larron. Celui-là a un autre regard sur le Christ en croix et cela non pas seulement parce qu'il est dans la même situation que Jésus, puisque son camarade reste aveugle jusqu'à la dernière minute. Le bon larron découvre en Jésus sur la croix une beauté plus profonde encore que la beauté apparente. Il découvre en Jésus Christ, en ce Jésus maltraité, flagellé, couronné d'épines et crucifié, la beauté de son amour. La lance qui transpercera le cœur de Jésus a déjà transpercé le cœur de ce bon larron. Il ne désire rien d'autre qu'être amené vers le royaume où règne ce roi qui a un amour si grand que personne ne pourra jamais aimer autant. Il ne désire rien d'autre qu'être toujours avec celui qui lui a ouvert son cœur et en même temps ses yeux : « Jésus, souviens-toi de moi, lorsque tu viendras avec ton royaume » (Lc 23,42). Et Jésus de répondre : « En vérité, je te le dis, aujourd'hui tu seras avec moi dans le Paradis » (Lc 23,43).

Pour que le crucifix puisse vraiment être la lumière qui jette sur nos misères ce beau reflet de l'amour et que ces mêmes misères nous deviennent aimables, comme le souligne le P. Cormier, il nous faut donc purifier notre regard porté vers le Christ. Nous devons réapprendre à regarder le Christ dans sa beauté paradoxale. En voyant Jésus sur la croix, notre regard intérieur doit se libérer de la domination du regard purement extérieur pour apprendre par la prière un regard qui dépasse l'apparence pour gagner les profondeurs de la vérité. Le regard purifié sur le Christ en croix nous ouvrira, comme pour le bon larron, notre propre cœur pour accueillir l'amour du Christ. Ainsi comprendrons-nous nos propres misères et souffrances en union avec celles du Christ. Le Christ a souffert pour moi et si jamais la souffrance frappe à ma propre porte, je sais que je ne serai pas seul. Et plus encore : dans ma souffrance, je m'unirai au même amour qui a motivé le Christ en souffrant pour moi. La croix restera toujours la croix douloureuse. Sur ce point-là il n'y a pas d'illusion. Mais la croix est le signe d'amour par excellence. C'est uniquement dans cette perspective que nos propres misères peuvent révéler leur splendeur paradoxale.

LES FARDEAUX DU PROCHAIN

Saint Paul nous dit de porter les fardeaux du prochain; mais notre premier prochain c'est nous. Supportez donc, au jour le jour, vos misères, sans vous préoccuper de celles du lendemain (CA, p. 239).

En général, le verbe « supporter » a une connotation assez négative. Est supporté ce qui est désagréable comme un fardeau. En revanche, dans l'esprit du P. Cormier et dans le contexte de cette citation, le verbe « supporter » reçoit un sens tout à fait positif. Le P. Cormier nous invite à supporter notre propre fardeau, c'est-à-dire à *accepter,* sans murmure et sans fatalisme, notre fardeau quotidien. Sans qu'il le dise d'une manière explicite, cela suppose avant tout se supporter soi-même et savoir accepter sa propre existence. Cette acceptation doit être positive, car si l'on ne s'aime pas, le fardeau sera écrasant. Seul celui qui s'est accepté, qui s'aime et qui a trouvé, par conséquence, son identité, est capable de supporter quelque chose dont on aimerait plutôt être débarrassé. L'acceptation et l'identité personnelle sont donc deux mots étroitement liés. Ils se résument dans cette attitude qui s'appelle humilité.

Il est évident qu'avec la compréhension que l'on a aujourd'hui de cette vertu, l'humilité n'a pas bonne presse. L'humilité est trop souvent comprise comme simple petitesse, une petitesse qui se veut parfois soumise dans un effacement artificiel et hypocrite ou encore dans une douceur mielleuse qui ne veut rien dire d'autre que : « Je n'ai pas de caractère. » Cependant ce n'est pas le vrai sens de l'humilité. Saint Thomas d'Aquin nous l'a déjà enseigné, mais nous avons oublié que l'humilité en tant que vertu signifie l'acceptation en sa totalité de la bonté de l'existence propre. Une acceptation qui sait et ose dire en toute humilité, sincérité et fierté : « Je suis qui je suis et j'en suis fier, car Dieu m'a créé comme tel et je veux le devenir encore plus, pour ressembler encore plus à son image. » C'est dans cette perspective déjà que Dieu est l'humilité par excellence, car Dieu est « Celui qui est ». Dieu est l'acceptation de soi-même par excellence, car « Dieu est amour ». Nous, les pauvres créatures, nous participons à l'humilité de Dieu, c'est-à-dire à son amour, si nous à notre tour, nous acceptons en vérité ce que nous sommes. L'orgueil humain commence au moment même où l'homme n'accepte pas ce qu'il est, quand il veut être autre chose que ce qu'il est déjà, autrement dit, s'il essaie de se mettre à la place de Dieu pour dominer et maîtriser en toute indépendance son destin et son existence. La belle-mère de Blanche Neige en est un bon exemple.

« Miroir, miroir, dis-moi qui est la plus belle de tout le royaume? » Et le miroir de répondre : « Majesté, vous êtes la plus belle ici, mais Blanche Neige est mille fois plus belle que vous. » Quelle catastrophe! La belle-mère de Blanche-Neige est dans tous ses états. Elle est prise de panique et prête à tout faire pour regagner la première place dans l'échelle de la beauté. Son problème : elle n'accepte pas les choses et la réalité qui la concernent telles qu'elles sont. Elle va devenir encore plus vieille, elle va devenir encore plus laide et la beauté de Blanche-Neige s'accroîtra encore un certain moment. Le narcissisme de se définir par sa propre beauté, qui lui est extérieure et changeante, la ronge intérieurement. Elle essaye à tout prix de posséder et de garder pour toujours ce qui n'a rien à voir avec le fond de son existence. La beauté passe et trépasse, mais son existence est beaucoup plus que cette beauté. Les conditions extérieures à cause de leur caractère changeant ne peuvent pas donner une identité stable et solide, basée sur l'amour du Christ et non sur des réalités vaines et passagères.

Nous ne sommes certes pas la belle-mère de Blanche Neige, mais, comme elle, nous sommes menacés par la même tentation, cette tentation de nous persuader que notre identité nous vient des réalités changeantes et extérieures à nous, comme par exemple la beauté physique, les honneurs, une belle voiture ou toute autre sorte de gloire. Cela nous donne l'assurance d'être *quelqu'un,* si nous avons du succès dans notre travail, si nous sommes considérés en société, si nous sommes directeur, cardinal, maire, sénateur ou prieur, si nous avons une longue généalogie qui remonte jusqu'à l'empereur Auguste, si nous sommes mariés à une jolie femme ou si notre mari a un ventre qui a l'apparence des tablettes de chocolat. Mais le jour où tout cela n'existera plus, quand le visage de madame, du fait de toutes les crèmes de beauté, verra ses rides renforcées, quand le ventre en tablettes de chocolat de monsieur sera transformé en brioche, quand la fameuse généalogie de famille se révélera fausse et quand on ne servira plus à rien pour la société parce qu'on sera à la retraite, que restera-il alors? Si on avait mis sa confiance et son attention dans toutes ces contingences extérieures, il ne resterait que le vide, la tristesse, le désespoir. Et la question existentielle se pose à plus forte raison : Et maintenant alors, qui suis-je? Pourquoi suis-je là? Je ne suis ni le succès de mon travail, ni l'importance de mon poste, je ne suis ni ma femme magnifique, ni mon mari sportif. Qui suis-je alors? Un retour à l'humilité est alors indiqué. Ce qui reste quand toute la gloire extérieure sera dépassée, c'est d'abord l'acceptation en humilité de ce qu'on est vraiment et toujours. En réalisant l'humilité existentielle déjà en germe dans notre cœur, cette humilité nous ouvre toutes grandes les voies de l'amour, car la seule chose qui ne changera jamais, c'est l'amour du Christ pour nous. C'est cet amour divin qui nous a donné notre identité d'être enfants de Dieu. Et le P. Cormier vient de nous le rappeler : *L'humilité : elle est naturelle aux enfants. Ne sommes-nous pas des enfants dans le Christ?* (CA, p. 117).

Il est vrai, l'humilité la plus naturelle, la plus sincère et pure est réalisée chez les enfants. Même chez les enfants qui font des caprices. Chez l'enfant, il n'y a pas de calcul, car il ne veut rien d'autre qu'être là. Et c'est justement en ce point que les enfants ressemblent le plus à Dieu. Ils sont ce qu'ils sont en toute simplicité et ils l'acceptent sans discussion inutile. Les enfants et Jésus n'ont pas de problème d'identité. L'identité du Christ est l'Amour et l'obéissance à l'Amour. Nous sommes tous invités à adhérer à cette même identité qui s'appelle amour et signifie l'acceptation joyeuse de sa propre existence.

Se supporter soi-même et son propre fardeau devient ainsi une question d'amour à l'image du Christ. Il nous suffit d'imiter l'amour du Christ qu'il avait pour nous. « Car tu comptes beaucoup à mes yeux, tu as du prix et je t'aime », nous dit Jésus (Is 43,4). Si Jésus nous aime infiniment qu'il donne même sa vie pour nous, comment peut-on encore hésiter à s'accepter et à s'aimer soi-même ? Et en ce qui concerne les fardeaux extérieurs, pourquoi ne pas simplement changer l'orientation de notre regard ? Tournons notre regard vers l'amour du Christ et laissons le fardeau être le fardeau. Occupez-vous d'abord de l'amour du Christ, le reste va se résoudre d'une manière ou d'une autre *et Dieu, qui se penche volontiers vers les âmes humbles, comblera l'abîme de notre faiblesse par l'abîme de sa bénédiction* (CA, p. 118).

LE RIRE MYSTÉRIEUX DE LA VIE ÉTERNELLE

Dieu nous supporte, nous avons besoin de nous supporter. Par conséquent, ayons un grand support pour les infirmités des autres. Remercions Dieu des occasions qu'il nous donne à cet égard; elles ont quelquefois plus de valeur que des communions. N'est-ce pas une communion aux dispositions de Notre-Seigneur et au mystère de ses faiblesses? (CA, p. 236).

Le P. Cormier est exigeant! Il nous rappelle avec insistance cette vérité simple que l'amour et la charité ne connaissent pas de limites. L'acceptation de soi-même trouve son accomplissement dans l'acceptation du prochain, et cela également sans aucune réserve, car Dieu lui-même n'exclut personne de son amour infini et éternel. Dans la réalité de la vie quotidienne, essayer de supporter les infirmités des autres n'est pas très souvent source de joie, d'amusement ou de rire. Bien au contraire! Mais le P. Cormier, réaliste comme il est, nous invite non seulement à accepter ces infirmités, mais en plus à remercier le Seigneur pour les occasions d'une telle épreuve. Il pousse même la provocation à son extrême : ces occasions ont *quelquefois plus de valeur que des communions.* N'est-ce pas un peu exagéré? Est-il possible que quelque chose ou quelque action puisse être considérée comme plus éminente que la sainte communion? « Qui mange ma chair et boit mon sang a la vie éternelle » (Jn 6,54). Qu'est-ce qui pourrait être plus éminent que la vie éternelle? Rien! Il faudrait encore que cette vie éternelle s'incarne en nous afin que l'amour du Christ devienne visible en nous – par le rire.

Les Juifs de l'époque de Jésus s'intéressaient moins à l'annonce de la vie éternelle qu'à la question fondamentale de savoir d'abord comment l'eucharistie se réaliserait : « Comment cet homme-là peut-il nous donner sa chair à manger » (Jn 6,52)? Aujourd'hui encore, en ce qui concerne l'attitude envers la personne du Christ et de l'Eucharistie, la situation n'a pas vraiment évolué. Aujourd'hui encore on entend l'étonnement des Juifs. Aujourd'hui encore on secoue la tête et même on se moque du fait qu'il y a des personnes qui se mettent à genoux devant un petit bout de pain dont ils prétendent qu'il est le pain de vie, le pain qui ne donnera plus jamais faim une fois qu'on en aura goûté. Le monde sans foi se moque de l'Eucharistie et rit. N'y aurait-il pas d'espoir de changer ce rire moqueur en un rire de joie?

Même si le vieux moine aveugle du film *Le Nom de la rose* objecte à saint Thomas d'Aquin le caractère diabolique du rire, le docteur angélique répond en affirmant : « Il serait inintelligible de concevoir un homme qui ne serait pas capable de rire », ce qui ne signifie rien d'autre que le rire en soi et avant tout est bon et voulu par Dieu. Les saintes Écritures le confirment à maintes reprises. Des grands événements du peuple élu sont couronnés par le rire, comme par exemple le retour à Jérusalem après l'exil : « Notre bouche s'emplit de rire et nos lèvres de chansons » (Ps 126,2). Et même dans la Jérusalem céleste nous rirons : « Heureux, vous qui pleurez maintenant, car vous rirez » (Lc 6,21). Ce n'est que le rire des moqueurs ou des orgueilleux qui déforme la pureté du rire. Mais Dieu peut guérir cette déformation. Preuve en est la transformation du rire de Sara dans l'Ancien Testament.

Sara a ri, parce qu'elle ne croyait pas à l'annonce du Seigneur qu'elle pourrait encore avoir un enfant. À l'époque, elle avait 100 ans et par son rire elle se demanda : qui se moque de qui dans cette affaire? Mais Dieu a de l'humour aussi! Le

Seigneur lui fait justement le reproche d'avoir ri. Sara se défend : « Je n'ai pas ri » et le Seigneur de répliquer : « Si, tu as ri » (Gn 18,15). Quel magnifique dialogue entre Sara et le Seigneur qui montre plutôt l'affection divine pour ses créatures qu'un entêtement enfantin de vouloir toujours avoir raison. Mais grâce à cette insistance divine, Sara commence à réfléchir et se pose la question : « Peut-être tout de même, le Seigneur a-t-il raison et me donnera-t-il un enfant malgré mon âge? » Grâce à la fermeté de la réponse divine, « Si, tu as ri », Sara a finalement ouvert son cœur, la condition pour que son rire d'incrédulité se transforme en un rire de joie, car son fils portera le nom d'Isaac, ce qui signifie : « Que Dieu rie et sourie, qu'il soit bienveillant. »

Le rire moqueur de Sarah s'est changé en un rire de joie, et peut-être nous aussi, pourrions-nous aider à transformer le rire moqueur de ceux qui ne connaissent pas encore la richesse eucharistique en un rire de louange par notre propre ferme témoignage pour le Christ. Oui, que notre monde de ténèbres entende notre joie d'avoir Jésus tout proche de nous dans l'Eucharistie. Le monde nous demandera peut-être : « Mais comment cela pourrait-il être possible, un Dieu eucharistique? » Peut-être ne pourrons-nous pas l'expliquer avec des mots, peut-être le seul moyen d'explication serait-il le rire et le sourire de notre cœur et de nos yeux, fondé sur l'amour du Christ. Ne sous-estimons pas la force de ce moyen d'évangélisation qui est celui de la joie et du rire pour convertir ceux qui ne savent plus véritablement rire, parce qu'ils ne connaissent pas le Christ.

L'Eucharistie nous fait participer à la vie éternelle, c'est-à-dire qu'elle nous fait participer à la vie divine. Peut-on imaginer une plus grande joie d'y participer et, en revanche, peut-on imaginer une plus grande tristesse de ne pas y participer ? « Il n'y a qu'une tristesse, c'est de n'être pas des saints », affirme Léon Bloy. Cependant il y a une différence entre la participation à l'Eucharistie et la pleine réalisation de la vie divine en nous. La réalisation de la vie divine en nous signifie avoir les mêmes dispositions que celles du Christ, ce qui veut dire par rapport à la vie pratique, entre autres, supporter les infirmités des autres. Parfois, supporter les autres se classe plutôt dans la catégorie des larmes, des pleurs et des grincements de dents. Mais l'union au Christ et à ses dispositions est capable de transformer ces larmes en un rire de béatitude éternelle. Il faudrait seulement que l'homme se laisse transformer par l'amour du Christ pour devenir un apôtre de ce rire mystérieux. Dans un tel contexte le fruit de la communion devient visible pour celui qui ne connaît pas le Christ ou ne s'est pas encore entièrement donné à Lui. Dans ce contexte aussi, le témoignage du rire a plus de valeur – sur le moment – que la communion au corps et au sang du Christ. Dans le rire la faiblesse devient force à l'image du Christ. Soyons donc de véritables apôtres et apportons la joie du Christ au monde entier. Peut-être cela sera-t-il dur, mais le psalmiste nous rassure : « Ceux qui sèment dans les larmes, moissonnent en chantant » (Ps 126,5). Que notre espérance soit ferme et notre joie aussi.

ATTENDRE, C'EST AGIR

Il faut laisser beaucoup à la grâce, faire des actes petits-longs : petits quant à l'expression, mais longs quant à l'impression qui en reste dans l'âme. C'est aussi un acte de s'offrir ou d'attendre, sans impatience ni inquiétude (CA, p. 237).

Le P. Cormier rappelle à nos contemporains, engloutis dans la tension et le stress quotidiens, que même l'attente est une action ! L'homme d'aujourd'hui se voit dans l'attente, surtout dans l'attente dont la durée est imprévisible, dans une passivité qui lui est insupportable. Ce temps vide, il sait le combler par maintes distractions, car du moins un Smartphone ou un Iphone fait aujourd'hui presque partie de la nature humaine. Mais pour le P. Cormier l'attente n'est pas une durée morte et empreinte de passivité.

Au contraire. Elle est une activité par excellence et dans son application elle devient une source d'énergie nouvelle et de grâce divine.

L'esprit d'un certain activisme était déjà bien connu au temps de Jésus : « Que devons-nous faire ? » demandait-on à saint Jean Baptiste (Lc 3,10-14). Répondre à cette question n'était pas difficile. Le Baptiste leur disait tout simplement qu'il fallait bien faire et en justice ce qui correspondait à leur état de vie : Que le publicain ne demande pas plus que ce qui est prévu, que le riche partage, que le pâtissier fasse de savoureuses tartes et le cuisinier de la succulente cuisine. Saint Jean Baptiste répond correctement à la question. Mais le problème est que la question n'était pas bien posée. Il ne fallait pas demander ce qu'on devait faire, mais plutôt ce qu'on devait être. La paresse chez saint Thomas d'Aquin ne signifie pas le fait, que l'homme n'a pas fait ce qu'il devrait faire, mais qu'il n'est pas ce qu'il devrait être. Les actions sont les manifestations extérieures de la paix intérieure, fondées sur l'acceptation de soi-même. En revanche, les actions ne laissent pas l'existence humaine indifférente, car chaque action s'imprime dans le cœur de l'homme de telle sorte que ces impressions influencent à leur tour l'agir futur. L'homme se façonne par ses actes et contribue ainsi soit au renforcement de sa bonté naturelle soit à sa propre défiguration.

Parmi les actions qui s'impriment d'une manière particulièrement forte dans l'existence humaine, le P. Cormier estime qu'il y a cette action tellement banale, l'attente.

Le poète allemand Heinrich Spoerl (1887-1955) semble être du même avis, car dans l'un de ses contes il propose à ses lecteurs une courte réflexion sur la valeur existentielle de l'attente : dans le beau cadre d'une campagne ensoleillée, par un beau printemps, un jeune homme attend avec joie, mais tout de même avec une certaine impatience, l'heure du rendez-vous avec sa fiancée. L'impatience grandissante finit par enfermer le jeune homme en lui-même à tel point qu'il perd sa paix intérieure, ne pouvant plus jouir de la beauté de la nature qui l'entoure. Dans ses cogitations sombres lui apparaît tout d'un coup un petit magicien qui lui offre un petit bouton qu'il devrait coudre à sa veste. Il lui prédit que chaque fois qu'il tournera ce bouton vers la droite, le temps avancera jusqu'au moment qu'il désire et la pénible attente n'existera plus pour lui. Le jeune homme fit comme il lui avait été dit, et à sa grande stupéfaction, soudain, la fiancée qu'il attendait depuis si longtemps se trouva devant lui. Mais le temps des fiançailles lui semblait trop long et il tourna encore le bouton : il se trouva alors au moment du mariage devant l'autel dans l'église. Ensuite, il songea à ses enfants à venir : il tourna à nouveau le bouton et voici qu'il en avait cinq, le dernier venant de naître. Il continua ainsi jusqu'au moment où le bouton ne se laissa plus tourner, car il était arrivé à sa dernière heure. À ce stade il commença alors à regretter d'avoir précipité sa vie et d'avoir refusé avec ce bouton magique les maintes occasions d'attente qui lui avaient été proposées. Dans sa détresse, il essaya de tourner le bouton cette fois vers la gauche : et soudain il se retrouva à nouveau sous l'arbre, attendant sa fiancée. Maintenant, son cœur s'ouvre et l'attente devient pour lui source de joie et de paix. Il se laisse imprégner par ce jour ensoleillé du printemps pour pouvoir accueillir sa fiancée avec une joie plus grande que jamais.

L'attente purifiée a donc attisé le désir du jeune homme et juste au moment où l'attente s'achève, à l'arrivé de sa fiancée, le désir a atteint sa plénitude et son achèvement. L'attente a positivement préparé son cœur et imprégné son esprit de la joie de l'avenir. Pourquoi une telle attente ne pourrait-elle pas imprégner et structurer la vie de chaque homme par rapport à la rencontre personnelle avec le Christ qui attend chacun de nous? Évidemment, cette attente ne dure pas seulement un moment plus ou moins long, mais toute une vie. « Quant aux temps et moments, vous n'avez pas besoin, frères, qu'on vous en écrive. Vous savez vous-mêmes parfaitement que le Jour du Seigneur arrive comme un voleur en pleine nuit » (1 Th 5,1-2). Il est possible d'interpréter l'attente du Christ par la peur, mais il est tout à fait possible aussi de l'interpréter d'une manière positive, si l'on considère l'amour que le Christ a pour nous. Malheureusement souvent, l'homme ne donne au Christ que la deuxième ou même la dernière place. Le Christ nous avertit : « Tenez-vous sur vos gardes, de peur que vos cœurs ne s'appesantissent dans la débauche, l'ivrognerie, les soucis de la vie, et que ce Jour-là ne fonde soudain sur vous comme un filet » (Lc 21,34-35). Qui dit filet dit perte de liberté, arrachement, souffrance et douleur. Mais, apparemment, Jésus aime cette image du filet, car il a déjà comparé tout le royaume des cieux lui-même « à un filet qu'on jette en mer et qui ramène toutes sortes de choses » (Mt 13,47). Ici encore, si l'on réalise ce que cela veut dire que le royaume des cieux est comparable à un filet de pêche, cela ne nous donne peut-être pas trop envie de rentrer dans ce royaume. La perspective d'être arraché de l'environnement connu et de respirer un air inconnu nous fait peur et nous préférons facilement rester dans notre petit train-train quotidien. Évidemment, la perspective d'un poisson qui trouve le summum de la réalisation de sa destinée en papillote au four, n'est pas si heureuse que cela, mais appliqué à l'homme et à son existence, ce filet peut devenir symbole d'espérance : « Comme languit une biche après les eaux vives, ainsi languit mon âme vers toi, mon Dieu. Mon âme a soif de Dieu, du Dieu vivant ; quand irai-je et verrai-je la face de Dieu » (Ps 42,2-3).

Jésus nous aime trop pour nous laisser dans les profondeurs sombres de l'Atlantique de ce monde. Il ne veut rien d'autre que notre participation à sa vie. Et malheureusement, parfois, très souvent, ou même toujours, un filet est sa seule manière de nous attirer à lui. Le filet devient ainsi un signe de son amour pour nous et il perd son caractère effrayant. L'amour ne peut jamais faire peur. Si nous avons encore peur de ce filet, c'est peut-être parce que nous avons peur de quitter notre vie et de l'offrir à l'amour du Christ. Le filet de l'amour du Christ est présent dans notre vie à chaque instant et il nous surprend uniquement si nous nous trompons sur notre destinée ou si nous ne savons pas attendre comme il le faudrait.

L'ORAISON 24 HEURES/24

Donnez à l'oraison tout le temps libre que vous avez, et même celui que vous n'avez pas, en faisant pénétrer cet encens de la prière dans toute votre vocation (CA, p. 240).

Saint Paul le disait déjà : « Soyez toujours dans la joie, priez sans cesse » (1 Th 5,16.17). Depuis, la discussion sur la prière personnelle ininterrompue n'a pas arrêté. Beaucoup de saints en ont donné une méthode : sainte Thérèse d'Avila et sainte Thérèse de Lisieux, saint Ignace de Loyola et saint François de Sales. Chaque méthode a fait ses preuves et chaque méthode a ses avantages, mais peut-être aussi ses difficultés. Il reste toujours possible de créer sa propre méthode comme une mixture de plusieurs méthodes et des expériences personnelles. L'essentiel est que le cœur soit le plus proche du cœur de Jésus et cela 24 heures/24.

Mais comment est-il possible de prier toujours, même en dormant?

Certains de nos contemporains, qui ne veulent rien savoir de Dieu et de ses bienfaits, peuvent peut-être, sans le savoir ni le vouloir, nous donner une réponse à cette question. Ces contemporains, nous pouvons les trouver partout. À certains endroits, ils s'assoient sur une prairie, les bras étendus, les yeux fermés, pour accueillir les ondes et les énergies positives qui se dégagent de certains lieux. Parfois, nous pouvons trouver ces mêmes personnes dans une forêt embrassant tel ou tel arbre. Ce sont ces personnes aussi qui prétendent un jour ne plus avoir besoin de manger avec la fourchette et le couteau, car il suffirait, tout simplement, de tendre la main vers la tomate, les aubergines et les concombres, pour s'emparer de l'énergie de ces légumes. Selon eux, l'énergie vitale se trouve partout. Il suffirait de s'en rendre compte et de s'ouvrir à ces possibilités renforçant le métabolisme psycho-corporel. Ces personnes-là souhaitent à tout le monde de participer à cette énergie bienfaisante. C'est pourquoi, ils saluent chacun en disant à la manière des héros de *Star Wars :* « Que la force soit avec toi! »

En tant que chrétiens, même si nous ne partageons pas les démarches ésotériques de certains de nos contemporains, nous devrions avoir au moins le même zèle qui leur fait rechercher l'énergie et la force vitale, non pour trouver ces énergies-là, mais pour trouver ou retrouver la vitalité de la vie divine qui nous anime. Sans que nous soyons obligés de chercher des énergies lointaines, nous avons le grand avantage et la possibilité de nous brancher sur la source et le fondement de toute énergie créatrice par excellence : la vie divine même.

L'homme a besoin de se ressourcer continuellement et de toujours trouver des forces neuves pour se tenir en vie physiquement, mentalement et spirituellement. Toute vie terrestre est une vie dépendante. La vie divine en revanche est la seule manifestation de vie qui n'a besoin de rien pour s'épanouir. La vie divine est en elle-même sa propre énergie. Le fruit de la vie divine se révèle dans toute la beauté de la création. La vie divine se manifeste partout où il y a vie et à plus forte raison là où il y a l'esprit. L'énergie de la vie divine s'appelle Amour, Dieu est Amour. Dieu n'est pas une quelconque énergie impersonnelle. L'amour divin est personnel et éternel. Dieu a déjà pensé à chaque personne dans sa particularité avant son existence terrestre : « Je veux que tu sois là un jour et je t'aime. » L'amour divin ne connaît pas de limite, cet amour est tellement explosif qu'il ne peut pas ne pas se manifester et se donner. L'homme a besoin de sentir cette énergie qu'est l'Amour divin.

Et l'homme a la possibilité par son esprit de s'unir à cette vitalité divine. La métaphysique d'Aristote nous l'enseigne. L'homme devient tout ce qu'il aperçoit, car son esprit est par nature souple et ouvert d'une manière universelle. Il peut tout accueillir dans son esprit et le garder tout en restant lui-même. L'homme regarde une girafe, et en absorbant l'essence de la girafe dans son esprit, il devient girafe en esprit ; il regarde sa fiancée, il devient sa fiancée en esprit : « Connaître, cela veut dire devenir un autre », écrivait le P. Sertillange. Et encore à plus forte raison : l'homme cherche Dieu, il s'unit à lui par l'Eucharistie, et il devient Dieu tout en restant créature. Il est quasiment absorbé par l'énergie de la vie divine, sans perdre sa personnalité. En s'unissant à Dieu, l'homme devient tout amour, il n'a plus besoin de chercher des énergies ailleurs qu'en ce Dieu personnel qui est amour.

Le saint curé d'Ars prévenait ses paroissiens du grand danger de perdre son temps à chercher des choses terrestres sans rapport avec l'accroissement de la vie divine dans l'âme. C'est vrai : les distractions du XXIe siècle sont légion et se concentrer sur l'essentiel de la vocation humaine reste une tâche difficile. Mais elle n'est pas impossible, surtout avec l'assurance que l'origine et le fondement de notre existence se trouvent en l'Amour de Dieu qui fera tout chaque jour pour que nous n'oubliions pas cette vitalité de l'amour divin en nous. Si l'homme garde, comme les louveteaux, les yeux et les oreilles ouverts, il découvrira toujours à chaque coin de rue et partout un petit signe de l'amour de Dieu, ne serait-ce qu'une petite fleur au bord du chemin, portant le message toujours présent mais toujours nouveau : « C'est magnifique que tu sois là, je t'aime. » C'est justement cela, *cet encens de la prière* dont parle le P. Cormier. Au début, la prière est le murmure de l'écho en nous de la déclaration d'amour que Dieu nous a faite jadis en nous créant. Plus la prière prend forme en nous, plus le murmure se joint à la source de cet écho jusqu'au moment où la louange ne saurait plus distinguer les voix divine et humaine qui chantent d'une seule voix : « C'est magnifique que tu sois là, je t'aime. » En ce sens et dans cette perspective le secret d'une prière incessante n'apparaît plus comme quelque chose d'irréalisable ou d'utopique ou comme réservé uniquement aux Chartreux. Un temps réservé uniquement pour Notre Seigneur est indispensable pour que l'écho de l'amour divin ne se perde pas dans le bruit actuel de notre monde. Et pour les moments où nous ne pouvons pas exclusivement nous adonner au Seigneur, « nous sommes bien, pour Dieu, la bonne odeur du Christ » qui « par nous répand en tout lieu le parfum de sa connaissance » (2 Co 2,15.14).

LA BONNE FARINE DE L'ORAISON

Laissez faire le moulin à vent pendant l'oraison. Le principal est qu'à l'intérieur il se fasse de bonne farine, par l'amour de la divine Vérité et l'abandon, soit actif, soit passif, à la divine Volonté (CA, p. 225).

À la fin de sa vie, le P. Cormier écrivait sur un petit bout de papier son emploi du temps du jour qu'il appelait « Règlement ». Il avait fixé l'heure du lever à 4 heures 30, suivi d'une demi-heure de méditation jusqu'à 5 heures 15. Cette première médiation bien matinale reçoit de sa main la petite annotation : *Au moins essaie* (CA, p. 202). L'on s'imagine bien que l'oraison à cette heure-là pouvait être menacée d'un certain engourdissement, car la journée venait juste de commencer, ou bien de certains temps vides dus à des réminiscences au sommeil regretté. Le P. Cormier est réaliste : *Quelquefois le pauvre cœur est trop accablé pour faire des actes suivis. On ne comprend même pas ce qu'on lit; comment pourrait-on l'analyser et le commenter?* Mais ces constatations ne sont pas pour le P. Cormier une raison de découragement, bien au contraire : Il faut faire *l'oraison avec une grande liberté de cœur* (CA, p. 240), cela veut dire que, si au moins le cœur est disposé et éveillé, et cela en vérité, il n'est pas nécessaire de s'inquiéter sur la « qualité » de la prière.

Comment alors garder son cœur éveillé, même si le corps ne semble pas vouloir suivre le mouvement spirituel? Comment faire pour être toujours éveillé spirituellement? La psychologie moderne nous donne un exemple : il faudrait faire comme la Belle au bois dormant. Encore mieux, il faudrait avoir la même attitude. Cette belle princesse attend depuis cent ans que le prince charmant la libère de son sommeil, après avoir franchi différents obstacles, pour arriver enfin vers elle, l'embrasser et devenir ainsi son sauveur. La Belle au bois dormant veillait en dormant, tout en dormant elle était éveillée. Son sommeil était un sommeil passif et actif dans la mesure où elle attendait activement dans la passivité sa libération. Elle dormait, mais elle restait éveillée.

Jésus parle justement de ce paradoxe dans notre existence : tout en étant passifs, nous pouvons rester actifs. Jésus sait très bien que veiller sans cesse n'est pas possible pour les pauvres créatures que nous sommes qui doivent prendre soin de leur santé. Il nous conseille même un sommeil véritable. Jésus sait que nous ne pouvons pas tout faire par nos propres forces. Mais nous sommes plus que la somme de toutes ces forces. Nous portons tous en nous une petite flamme d'amour divin, car nous sommes des enfants de Dieu, créés à son image. Cette petite flamme brille en nous depuis notre création et ne s'éteindra jamais, même si nous ne pensons pas à elle. Nous ne pouvons même pas l'éteindre, même si nous le voulions. Dans ce sens, nous sommes déjà tous des veilleurs par nature. Notre existence attend, si nous le voulons, son achèvement par son créateur, c'est-à-dire que cette petite flamme deviendra de plus en plus grande jusqu'à ce qu'elle consume toute notre existence. Nous attendons tous non un prince charmant, mais le retour du Christ qui embrasse ses bien-aimés.

Il est déjà consolant de prendre conscience du fait que veiller sans cesse est possible par nature dans cette passivité qui nous parvient par le fait d'être créés par Dieu. Le problème est seulement que nous oublions cette flamme qui brille en nous jour et nuit, cette flamme qui brille et témoigne en nous de la présence de Dieu. Souvent, nous ne nous rendons pas compte de cette flamme. Se réveiller veut donc dire se rappeler à nouveau ce grand don qui est notre appartenance à Dieu, sa présence en notre cœur. Il ne faut pour cela qu'une petite pensée à l'amour divin et cette flamme brillera déjà plus intensément et avec force. Cette flamme d'amour revigoré nous accompagnera ensuite partout où nous serons et quoi que nous fassions. Elle brille même quand nous dormons. C'est l'activité dans la passivité et la passivité dans l'activité. Et le moulin à vent continue à tourner sans même que nous nous en apercevions. La farine, en revanche, que produit ce mystérieux moulin n'est pas comme de la farine ordinaire. La farine ou le fruit de l'oraison n'est pas la conclusion brillante d'une magnifique gymnastique cérébrale. *Dieu donne quelque chose de mieux. Il regarde avec amour l'âme qui gémit et qui s'immole à ses pieds ; en récompense de la conformité où elle tâche de s'établir à sa sainte volonté, il verse directement en elle des grâces très nombreuses : grâces de pardon pour les fautes des âmes dont nous sommes chargées, grâces de préparation pour de nouvelles bénédictions dans l'avenir ; grâces de progrès et de transformation pour notre cœur. Livrez-vous donc bien à ces diverses impressions purifiantes* (CA, p. 240). La farine de l'oraison que le P. Cormier met en évidence est tombée un peu en désuétude dans notre temps actuel. Mais c'est peut-être justement cette farine qu'il nous faut aujourd'hui pour produire ce pain que le monde ne peut pas nous donner, afin que notre société trouve une issue à son enfermement égocentrique et matérialiste. La farine que propose le P. Cormier n'a aucune valeur financière ou autre, on ne peut ni la voir ni la toucher. C'est peut-être pour cette raison qu'elle ne jouit pas d'une attractivité particulière. Mais c'est peut-être justement à cause du manque de cette farine spirituelle dans notre société que celle-ci semble être souffrante et malade.

Qu'attendons-nous donc alors ? Réveillons-nous et rappelons-nous cette flamme qui brille en nous. Si nous qui avons compris ce dont notre société a vraiment besoin ne pratiquons même pas cet abandon dans la prière et l'amour du Christ, qui le fera à notre place ? Qui, si ce n'est pas nous, sera celui qui prêche – d'une manière active ou passive, peu importe – dans le désert de notre société ? Le P. Cormier ne se gêne pas pour préciser notre présence dans la société : *Il faut que l'on se rallie autour de vous comme autour d'un tabernacle à cause de la présence réelle de l'esprit surnaturel que l'on sentira rayonner* (CA, p. 241). Pour rayonner ainsi, l'on n'a pas besoin de beaucoup de choses. Il suffit que chacun, où il se trouve, tourne son regard et tout son cœur vers le Christ Ressuscité et lui dise de temps en temps ces quelques petits mots : « Je t'aime, ô mon Jésus. » Et même si l'on oubliait, ce n'est pas bien grave : les vrais amoureux sont toujours éveillés, même s'ils dorment.

ÊTRE APÔTRE

La vraie vie spirituelle ne consiste pas à sentir, mais à sortir : à sortir de soi-même, pour faire place à l'esprit de Notre-Seigneur, – puis à agir selon cet esprit, avec courage, confiance, douceur… (CA, pp. 225 s.).

Il ne peut pas en être autrement. Le P. Cormier est un prêcheur à l'image de saint Dominique qui ne parlait qu'avec Dieu ou de Dieu. En même temps il considère chaque chrétien si ce n'est comme prêcheur, du moins comme apôtre et messager de la joie de l'Évangile. Ce ne sont pas les sentiments du moment, si beaux et mystiques qu'ils soient, qui comptent, mais bien l'espérance du chrétien qui est forte et stable comme un roc. Cette stabilité se réalise par la mystérieuse osmose entre la nature humaine et la grâce divine. D'abord, le P. Cormier invite chacun à sortir de soi-même, c'est-à-dire à s'ouvrir à l'esprit du Christ pour qu'il façonne l'esprit humain de telle sorte qu'il n'y ait plus deux volontés, mais une seule dans l'union du don mutuel de soi, bref, de l'amour.

Mais cette première transformation ne reste pas inactive. Il n'est pas possible que les rayons de la joie que produit l'union avec le Christ restent cachés sous le boisseau. Cette joie veut se manifester dans le monde entier et ne souhaite rien d'autre que de voir que le feu de cet amour a déjà tout enflammé et consumé. Le P. Cormier nous avertit : l'annonce de l'Évangile demande courage, confiance et douceur. Aujourd'hui ne nous manque-t-il pas justement ces trois caractéristiques d'une vie chrétienne épanouie ?

En comparaison avec d'autres groupes sociaux ou idéologiques, il nous manque du courage. Les militantes féministes, les Femen, par exemple : leur conviction de devoir lutter pour une libération quelconque de la femme les pousse à des actions spectaculaires et un peu provocantes, et osons le dire, quelque peu hystériques. Mais elles, au moins, appliquent à leur manière le verset du psalmiste : « Le zèle de ta Maison me dévore » (Ps 69,10). Autrement dit : « Le zèle pour ma cause me dévore. » Mais pourquoi, nous qui aimons le Christ ou, au moins, qui prétendons l'aimer, pourquoi un zèle semblable pour le

Christ ne nous dévore-t-il pas autant ? Beaucoup de choses nous semblent plus importantes. Nous consacrons des heures à des occupations inutiles et nos pensées sont partout, sauf orientées vers Celui qui nous aime le plus. Parfois nous n'arrivons même pas à lui consacrer le temps d'un petit sms ou d'une petite publication sur Facebook. Malheureusement, notre vie spirituelle et nous-mêmes ressemblons trop souvent à ces vendeurs de bœufs, de brebis et de colombes que Jésus a chassés du Temple. C'est donc à nous que Jésus dit aujourd'hui : « Ne faites pas de la maison de mon père une maison de commerce » (Jn 2,16). Notre cœur est devenu le lieu de maintes sortes de commerces au point que le Christ ne se sent plus vraiment chez lui en notre cœur. Tous ces commerces moins importants que le Christ nous empêchent de voir la vérité, qui est le Christ lui-même, droit dans les yeux et d'entendre Jésus nous dire : « Je t'aime par-dessus tout. Une chose te manque encore, vends tout et suis-moi » (cf. Mc 10,21).

Il nous manque ensuite de la confiance ! Comment est-il possible de manquer de confiance en l'amour du Christ, si l'on a véritablement saisi qu'il est mort par amour pour nous ? Courage et confiance sont deux perspectives de la même réalité ! Quelle est dans ce contexte la différence entre la confiance des terroristes en leur idéologie et la confiance des chrétiens ? Tous les terroristes, vraiment tous les terroristes, réalisent par leurs actions terrifiantes une radicalité extrême de leur idéologie, parce qu'ils font confiance à cette promesse d'une vie de joie dans l'au-delà ou ailleurs. En revanche, cette même radicalité existentielle ne se trouve pas chez tous les chrétiens qui font plus confiance à leur propre force qu'à l'amour du Christ. C'est aujourd'hui le moment de nous réveiller et de devenir à notre tour des terroristes, mais des terroristes de l'amour du Christ. Contre la radicalité de la terreur, il n'y a qu'une seule arme : la radicalité de l'amour et de la charité à l'image du Christ ! « Comme je vous ai aimés, aimez-vous les uns les autres » (Jn 13,34). Autrement dit : « Nul n'a plus grand amour que celui-ci : donner sa vie pour ses amis » (Jn 15,13). Comme les terroristes qui se laissent former et endoctriner en Syrie, laissons-nous former à l'école du Christ pour être capables de témoigner de cet amour jusqu'au sang, si c'est nécessaire. Et même si notre témoignage n'est pas sanglant, au moins enlevons tout type d'obstacle qui empêche que l'amour du Christ puisse se répandre dans le monde comme l'odeur d'un bon parfum. Et la croix glorieuse, le gage de l'amour du Christ, régnera sur le monde.

Pour le P. Cormier la radicalité de l'amour du Christ n'est crédible qu'avec une bonne dose de douceur, une douceur qui se révèle à nous le jour de Pâques. C'est l'apôtre des apôtres, sainte Marie-Madeleine, qui nous l'enseigne. Là encore, la douceur est un mystérieux mélange entre confiance et courage. Sainte Marie-Madeleine a goûté la douceur du Christ lors de sa conversion. Elle a senti cette douceur même à travers la croix de son bien-aimé. Cette même douceur, elle a voulu la montrer au Christ lorsqu'elle lui a parfumé les pieds et essuyé avec ses cheveux, comme aussi au matin de Pâques, lorsque, seule, elle est restée près du tombeau du Christ. Marie-Madeleine avait voulu voir Jésus. Il n'était plus dans le tombeau, elle ne savait même pas où on l'avait mis. Mais malgré sa souffrance, elle n'a jamais cessé d'espérer retrouver son Seigneur, car « la charité espère tout » (1 Co 13,7). Et justement dans cette espérance elle n'a jamais perdu le Seigneur. Avec saint Paul, elle peut dire : « Oui, j'en ai l'assurance, ni la mort ni la vie, ni les anges ni les principautés, ni le présent ni l'avenir, ni les puissances, ni hauteur, ni profondeur, ni aucune autre créature ne pourra nous séparer de l'amour de Dieu manifesté dans le Christ Jésus notre Seigneur » (Rm 8,38.39). L'amour veut l'épanouissement, la plénitude. L'amour veut tout. Et la question du jardinier : « Femme, pourquoi pleures-tu? » (Jn 20,13), augmente encore sa douleur et son amour pour le Bien-aimé qu'elle ne voyait plus. Quand enfin le jardinier l'appelle Marie, son âme tressaille, elle reconnaît la douce voix du bien-aimé, son cœur déborde d'amour, et comme la bien-aimée du Cantique des Cantiques elle repose enfin auprès du bien-aimé : « Mon bien-aimé est à moi, et moi à lui » (Ct 2,16) – et cela à jamais.

Peut-être trouvera-t-on la réalisation de la trilogie courage, confiance et douceur que nous propose le P. Cormier un peu naïve ou même utopique ? Mais peut-être, dans ce cas-là, ne pourrions-nous même pas être appelés chrétiens et encore moins apôtres. L'amour du Christ n'est pas utopique. L'amour du Christ est une réalité plus sûre que 2 + 2 font 4. Il suffit que nous nous accrochions à cet amour qui nous habite déjà pour être un apôtre digne de ce nom. Il n'y a pas d'alternative à l'amour du Christ. Convertissons-nous et surtout, n'ayons pas peur. Seul l'amour radical et doux sauvera le monde. Un proverbe indien dit : « Le juste doit imiter le bois de santal : il parfume la hache qui le frappe. »

VOUS FAITES PEUR AU SEIGNEUR...

Dilatez votre cœur dans la confiance. S'il est contracté avec une mine sombre, vous ferez peur à Notre-Seigneur. Il accepte qu'on soit pauvre, pourvu qu'on lui montre de la bonne humeur (CA, p. 235).

Faire tout simplement confiance sans avoir le moindre doute, comme c'est devenu difficile aujourd'hui ! Depuis René Descartes, nous avons appris que le doute méthodique fait partie de nos analyses scientifiques, philosophiques, mais malheureusement aussi de nos relations personnelles. Le principe même du doute domine notre pensée et nos réflexions quotidiennes, car nous cherchons, nous voulons et nous acceptons uniquement des certitudes claires et précises d'une manière scientifique. Cependant, nous oublions qu'il y a, à côté de la certitude scientifique, trouvant son point de départ dans la rationalité humaine qu'elle peut maîtriser à sa guise, une certitude qui dépasse la certitude scientifique. Cette certitude est donnée à l'homme quand il accueille dans son cœur ces trois mots magnifiques : « Je t'aime. »

Car qu'est-ce que l'amour en fin du compte? Quand on est chez le coiffeur ou chez le dentiste, on nous suggère par la diversité des lectures proposées, une compréhension de l'amour qui ne dit peut-être pas tout. Essayons donc de trouver le véritable sens et la véritable compréhension de ce que pourrait être l'amour. On dit : j'aime mon chat, j'aime un bon bordeaux, j'aime un bon magret de canard et du foie gras, surtout quand il est du Gers, j'aime la France, j'aime l'art du Caravage, j'aime lire André Gide et Baudelaire et j'aime Jésus. Mais quand on essaie de trouver l'intersection de tout ce qu'on peut aimer, autrement dit, quand on essaie de trouver le lien entre toutes ces choses qu'on peut aimer et quand on essaie de l'exprimer en une seule phrase, on pourrait dire : « Heureusement que toutes ces choses existent, c'est magnifique que toutes ces choses soient là », et quand je dis à une personne : « Je t'aime », en fait je ne veux par là rien dire d'autre que : « C'est magnifique que tu sois là, sans toi le soleil ne brillerait pas pour moi. » Autrement dit, quand je dis : « Je t'aime », je dis oui à une personne. Jean-Paul Sartre a raison quand il dit : « C'est là le fond de la joie d'amour; nous sentir justifiés d'exister. » Et même Friedrich Nietzsche, le grand philosophe allemand qui ne pouvait pas si facilement dire oui, confirme ce que nous venons de dire quand il s'exprime ainsi : « Si nous disons vraiment oui à un seul moment, nous avons dit oui non pas seulement à nous-mêmes, mais à toute existence. »

De plus, l'amour ne s'arrête pas à la simple prononciation du mot « oui ». L'amour est toujours aussi créateur, l'amour dit oui en ce sens qu'il affirme l'être aimé, mais aussi en ce sens que l'amour souhaite que l'être aimé existe toujours plus et d'une manière plus forte encore. Celui qui dit oui par amour veut que cet amour grandisse toujours. Les difficultés que l'on pourrait rencontrer ne font pas un seul doute. Le doute commence toujours par des mots « peut-être », ou « mais ». Le doute est le premier pas vers un non, vers un non qui aura des conséquences désastreuses comme le dit Méphisto, le petit diable du *Faust* de Goethe : « Je suis l'esprit qui toujours nie, et c'est avec justice : car tout ce qui existe est digne d'être détruit, il serait donc mieux que rien n'existe. »

C'est justement ce « non » qui fait peur à Notre Seigneur, dont parle le P. Cormier. Le Christ a supporté toutes les infidélités de l'humanité et n'a pourtant jamais renoncé à continuer à dire oui à chaque personne d'une manière personnelle, jusqu'à mourir sur la croix. Lui, il aimerait que notre cœur soit imprégné de ce même « oui » qui L'a inspiré en créant chaque personne à son image. Faire confiance et rester dans l'amour du Christ et vivre en confiance sans limite est possible, car comme le dit Aristote, « il y a quelque chose de divin en l'homme ».

Tout cela ne veut absolument pas dire que devrait s'installer dans notre cœur une sorte de naïveté qui ne se rendrait pas compte de la dureté de la vie. Mais tout de même. Le fondement de ce « oui » fondamental de l'amour peut rester inébranlable, si l'homme s'associe à ce « oui » divin. Les Chartreux disent : « La croix reste ferme, tandis que le monde tourne. » La rose nous donne l'exemple de cette stabilité dans l'amour : une fois ouverte, la rose ne se ferme plus. Elle reste ouverte même quand il pleut. La rose est le symbole de notre cœur. C'est cette ouverture de cœur qui dégage une énergie qui pourrait convertir le monde entier. Quand sainte Catherine de Sienne s'exclame que le monde brûlerait déjà de l'amour du Christ si chacun était et réalisait ce qu'il devrait être, elle pense justement à cette réalité de la joie que procure l'amour du Christ, répandu dans les cœurs des hommes. Nietzsche lui aussi avait raison quand il reprochait aux chrétiens leur manque de joie pascale et par conséquent, leur manque de bonne humeur : « Il faudrait qu'ils me chantent des chants meilleurs. Il faudrait qu'ils aient des têtes de sauvés pour que je puisse croire à leur Sauveur. » Il n'est pas sûr que Nietzsche se serait converti en voyant chez les fidèles une joie bruyante qui éclate dans tous les sens. En revanche, peut-être se serait-il converti en voyant des chrétiens dont la joie ne se voit pas de prime abord, mais seulement par un cœur éveillé, parce qu'elle est protégée par ce silence mystérieux de la paix après un Vendredi saint, ce silence qui n'est rien d'autre que la réponse admirative et joyeuse à l'amour du Christ qui nous salue en nous disant : « La paix soit avec vous! » (Jn 20,21).

ÊTRE L'ARC-EN-CIEL

Il faut qu'en vous regardant on croie voir l'arc-en-ciel sur un horizon encore assombri. Il faut que vous soyez comme la vanille dans un plat, qui le rend bien plus délicat et propre à nourrir (CA, p. 225).

S'il y a une chose sur laquelle tous les philosophes de chaque époque sont d'accord malgré leurs différences même parfois radicales à l'intérieur de leur système de pensée, c'est le fait que la souffrance fait partie des choses qui ne peuvent pas être mises en doute. La souffrance et la misère sont omniprésentes et gênent tout le monde. Comment alors affronter cette réalité qui fait autant de mal même à ceux qui justement n'ont pas fait de mal du tout. La souffrance a-t-elle un sens ?

Pour un philosophe comme Albert Camus, la souffrance n'a justement pas d'explication.

Désespérément, il a cherché pendant toute sa vie quelque chose qui pourrait donner un sens à sa vie, refusant par principe un sens qui pourrait lui être donné par l'au-delà. Camus le reconnaît clairement : sans le recours à une transcendance il n'y a pas de sens de la vie. En conclusion : la vie est une absurdité. Par rapport à la souffrance proprement dite, il arrive à la même conclusion. Il accepte le fait qu'il y ait de la souffrance, mais qu'il n'y ait aucune explication valable qui pourrait justifier la souffrance, c'est cela qui est et reste à ses yeux révoltant.

Par rapport à la souffrance, Charles Baudelaire est déjà un peu moins pessimiste. Même s'il ne voit partout, lui aussi, que les ténèbres de la souffrance, il ne peut pourtant pas accepter que la souffrance et le mal en général aient le dernier mot. Il doit nécessairement y avoir quelque chose de positif, ne serait-ce qu'une étincelle de bonté et de bonheur. Baudelaire regrette de ne pas trouver cette bonté qu'il désire voir. Mais il écrit ces fameuses *Fleurs du Mal* pour exorciser le Mal en l'habillant avec la beauté et la bonté des rimes et des vers.

Le psychiatre Viktor Frankl donne une autre approche, plus positive encore que celle de Baudelaire. Il est un témoin crédible, car durant son emprisonnement dans un camp de concentration des nazis pendant la Deuxième Guerre mondiale, il a refusé de tomber dans les affres de l'enfer, autrement dit la dépression. Il se le disait très clairement : « Malgré tout, dire oui à la vie ». Il était persuadé que cette méthode lui avait finalement sauvé la vie. Il raconte qu'un jour qui ressemblait à tous les autres jours de par la grisaille de la tristesse ambiante, il se promenait avec les autres prisonniers dans la cour de leur baraquement. Il raconte comment pour la millième fois, il recommençait dans ses pensées à envoyer ses lamentations et ses questions vers le ciel ; comment pour la millième fois, il s'efforçait de chercher un sens à ses souffrances, à son sacrifice, le sens de cette mort lente. Mais soudain, dans une dernière révolte contre la tristesse, il sentit son esprit transpercer cette grisaille qui l'entourait ; il sentit son esprit s'échapper de tout ce monde misérable et absurde et tout à coup, il ne savait pas d'où, un « oui » victorieux jubila à son oreille… et à cet instant-là, s'éclaira au loin une lumière à la fenêtre d'une ferme…

Pour Viktor Frankl, le ciel s'est déchiré au sein d'un camp de concentration et un arc-en-ciel a illuminé le couloir de l'enfer. Le ciel peut se déchirer aussi devant nos yeux, si nous restons attentifs. Nous pouvons tous voir cet arc-en-ciel dont parle le P. Cormier si nous le désirons. Mais ce n'est pas uniquement une question de volonté. L'arc-en-ciel existe bien et n'est pas seulement une image. C'est encore Albert Camus qui nous donne la réponse à la question de savoir pourquoi la souffrance en soi ne peut pas avoir le dernier mot. Lui qui ne voulait pas accepter que Dieu lui adresse une seule parole reconnaît pourtant dans son livre *L'Homme révolté* que seul le sacrifice le plus atroce d'un Dieu innocent pouvait indiquer un possible chemin vers une acceptation de la souffrance. À la pensée de Dieu qui se sacrifie pour sauver l'humanité, le ciel de la tristesse se déchire par le « oui » de l'amour divin. Ce sacrifice de l'amour nous montre que notre temps de souffrance est déjà imprégné par l'éternité et que rien ne pourra nous séparer de ce « oui » d'amour de Jésus-Christ sur la croix. Il suffirait que ce « oui » divin imprègne tout notre cœur pour que, dès maintenant, non seulement nous voyions briller la lumière de l'éternité à travers l'arc-en-ciel de l'espérance, mais que nous-mêmes en soyons les témoins, autrement dit, que nous-mêmes soyons cet arc-en-ciel : *Il faut qu'en vous regardant on croie voir l'arc-en-ciel sur un horizon encore assombri.*

Le P. Cormier est persuadé qu'il est possible pour chacun de nous d'être l'arc-en-ciel au milieu des souffrances. Jésus lui-même nous en assure : « Ce n'est plus moi qui vis, mais le Christ qui vit en moi », nous dit saint Paul (Ga 2,20). Être l'arc-en-ciel pour le prochain est lié à la condition de s'unir à ce « oui » d'amour de Jésus sur la croix. Ce « oui » n'est pas un simple mot, ce « oui » est toute une attitude intérieure qui est nourrie par la ferme conviction que rien ne peut me séparer de l'amour du Christ. Dieu m'a créé et encore plus magnifiquement recréé, cela veut dire qu'il n'a jamais et qu'il ne retirera jamais ce premier « oui » à mon existence – au contraire, il le redit et me redonne de la vie à chaque battement de mon cœur. Chacun de nous est donc en permanence nourri par cette source de l'amour du Christ qui seule nous maintient en vie. Autrement dit, je ne vis jamais dans une stricte indépendance et même ceux qui prétendent ne pas avoir besoin de Dieu pour respirer, ne pourraient absolument rien faire si Dieu ne les tenait pas en permanence dans sa main, comme l'argile dans la main du potier (cf. Jr 18,6). Il est évident que celui qui croit vivre en totale indépendance vis-à-vis de Dieu et qui s'enferme quasiment dans une cage blindée, parce qu'il ne veut rien voir d'autre que lui-même, celui-là ne pourra jamais être l'arc-en-ciel pour les autres, car il ne le veut pas. Celui en revanche qui reconnaît sa dépendance et sa faiblesse, verra cet arc-en-ciel à des moments où il ne le pensait même pas, pour ensuite le devenir à son tour.

Le P. Cormier associe l'arc-en-ciel à la vanille. C'est peut-être un certain humour caché qui se révèle sous la plume de ce frère dominicain. Mais quoi qu'il en soit, la réalité n'en est pas moins parlante. La vanille symbolise la douceur. Seul celui qui se sait uni aux souffrances du Christ peut comprendre qu'il peut y avoir de la douceur dans la souffrance. La vanille symbolise le cœur du sens de la souffrance, c'est-à-dire l'assurance que « l'amour est fort comme la Mort » (Ct 8,6).

FAIRE COMME MARIE…

[…] qui, avec le glaive de Siméon dans l'âme, travaillait, balayait, faisait la cuisine, c'est plus divin que l'extase (GE, p. 138).

Quand il était encore patriarche de Venise, le pape Jean-Paul Ier s'étonnait que l'Église ait donné à la sainte Vierge déjà beaucoup de titres : Notre-Dame du bon secours, Notre-Dame du bon conseil, Notre-Dame du bel amour, etc. Mais, disait-il, il lui manquait encore un titre particulier : Notre-Dame de la vaisselle ! Avec le P. Cormier l'on pourrait rajouter encore celui de Notre-Dame du balai, car apparemment Jean-Paul Ier et le bienheureux partageaient cette vision terre à terre d'une saine piété. En revanche, ces propositions de titres ne sont-elles pas un peu misogynes sur les bords ? L'Église semble ainsi donner raison au philosophe Nietzsche qui écrivait : « La femme est la seconde faute de Dieu ! » C'est vrai ! Les femmes n'ont pas de pouvoir dans l'Église, elles ne peuvent jamais devenir prêtre, elles ne peuvent jamais devenir archevêque et encore moins cardinal, elles ne peuvent jamais devenir pape.

Mais en fait, cela ne veut absolument pas dire que l'Église est misogyne. L'Église est avant tout divine et la complémentarité homme-femme est la force tangible du Saint-Esprit. « Il n'est pas bon pour l'homme d'être seul. Je veux lui faire une aide qui lui soit accordée », dit Dieu (Gn 2,18). Et Dieu n'a pas créé une aide-ménagère. Non ! En hébreu, le mot employé pour désigner l'aide c'est *ezer*. Ce mot est toujours employé dans l'Ancien Testament quand Dieu envoie auprès des hommes une aide d'ordre divin non ordinaire, mais extraordinaire ! Aux yeux de Dieu la femme est auprès de l'homme le secours divin par excellence ! C'est une véritable vocation existentielle. Les problèmes ne commencent que quand la femme oublie sa haute dignité de venir au secours de l'homme, de sauver l'homme à sa manière ! Elle ne sauvera pas l'homme – à quelques exceptions près – par l'épée, mais par une sorte de folie divine qui proclame que la mort et toutes sortes de souffrance n'auront jamais le dernier mot. Les femmes sont les gardiennes de la vie ! Elles donnent la vie. Les saintes femmes qui vinrent tôt au tombeau de Jésus le jour de Pâques, et à plus forte raison encore sainte Marie-Madeleine, nous donnent un exemple de l'aide qu'elles apportent aux hommes à l'occasion de cet événement bouleversant qu'est la résurrection du Christ.

Les saintes femmes n'ont pas caché à l'ange leur impatience, même si elles tremblaient un peu, quand il leur annonça que Jésus n'était plus au tombeau mais ressuscité. Les saintes femmes insistent avec leur questionnement d'une ténacité propre aux femmes qui veulent avoir tout de suite ce qu'elles désirent : Elles veulent savoir où est Jésus, et maintenant. On dit : « Ce que femme veut, homme peut! » En l'occurrence ce que les saintes femmes veulent, l'ange doit. Elles veulent voir Jésus tout de suite. Ce n'est pas parce qu'elles ne croient pas à ce que leur a dit l'ange du Seigneur, mais parce que leurs cœurs brûlent d'un immense amour pour Celui qu'elles ont tant aimé jusqu'au dernier battement de son cœur sur la croix, jusqu'à la dernière goutte de son sang. Elles L'aiment encore au-delà de la mort – son corps a disparu –, on peut donc comprendre leur angoisse et leur inquiétude. Mais malgré leurs supplications, l'ange avec le calme et le sourire qui le caractérisent, ne leur dit pas plus que ce qu'il leur a déjà dit : « Voilà, je vous l'ai dit » (Mt 28,7). Si la femme ne se contente pas de cette affirmation, l'homme en revanche oui! Les apôtres Pierre et Jean ne peuvent évidemment pas faire autrement à la nouvelle de la disparition du corps du Christ que de courir vers le tombeau vide et de croire. Mais le seul fait de la résurrection sans la rencontre avec le Ressuscité même n'aboutit pas à une joie dans sa dimension éternelle. C'est alors que les saintes femmes leur viennent en aide. Marie-Madeleine, la première, annonce aux apôtres qu'elle a vu le Ressuscité. Dans la joie, sainte Marie-Madeleine exhorte les Apôtres et elle nous exhorte tous : « Allez à sa rencontre. » Les saintes femmes et surtout l'apôtre des apôtres, sainte Marie-Madeleine, sont le secours divin pour que nous puissions goûter entièrement la joie pascale non d'une manière superficielle, mais existentielle et au plus profond de notre cœur.

Et Marie, la mère de Dieu, avec son balai et sa vaisselle dans les mains, que pourrait-elle bien nous dire ? C'est à cause de la discrétion des évangélistes que rien ne nous est parvenu de la première rencontre pascale par excellence, celle de Marie et de son fils. Jusqu'à la résurrection de Jésus elle portait le glaive de Siméon dans son âme, mais jamais elle ne désespérait. Elle ne désespérait pas quand Jésus avait 12 ans, quand il grandit, quand il aidait Joseph dans l'atelier, quand il accomplissait son premier miracle à Cana. Elle ne désespérait pas non plus au moment du chemin de croix et sur le lieu de la crucifixion.

Son amour pour Jésus était toujours plus fort que le glaive de Siméon. C'est cet amour maternel qui lui donnait la force de ne jamais perdre la paix intérieure, même si de l'extérieur la paix était menacée. Pour tout cela Marie n'avait pas besoin de l'extase. Elle savait que « les Portes de l'Hadès ne tiendront pas contre » son amour, plus fort que la mort (Mt 16,18). C'est ce même amour qui est la source de la fidélité aux petites choses de la vie quotidienne. En fait, devenir un saint n'est pas si compliqué que cela. Il suffit d'aimer Jésus, d'être fidèle à la vaisselle et au balayage – et le reste nous sera donné par surcroît. Pourquoi alors chercher le bonheur ailleurs qu'en Jésus ? Faisons comme le P. Cormier nous le conseille, faisons comme Marie.

LE TEMPS PASSE…
PASSE-T-IL BIEN ?

Le temps passe. Chaque fête qu'on me souhaite le rappelle. Passe-t-il bien ? Hélas ! nous avons grand besoin de compter sur la divine indulgence. De même qu'une mère bonne et soigneuse, dont le fils est inconsidéré et déchire sans cesse ses vêtements, passe une partie de son temps à tout rhabiller patiemment, ainsi fait la bonne mère Providence : l'enfant est notre cœur (CA, p. 241).

La fin des temps, plus particulièrement la fin des temps, individuelle et personnelle, fait réfléchir tout le monde – sans exception. Ce sujet sensible révèle avec une clarté éminente les dernières conséquences existentielles d'une vie avec ou sans Dieu. En ce qui concerne la dernière option, Simone de Beauvoir nous donne un exemple éclatant dans son ouvrage autobiographique *La Force de l'âge* (1960).

La pensée de la mort la déchirait intérieurement : « Je pense aujourd'hui que, dans la condition privilégiée qui est la mienne, la vie enveloppe deux vérités entre lesquelles il n'y a pas à choisir, qu'il faut affronter ensemble ; la gaieté d'exister et l'horreur de finir. Mais alors je basculais de l'une à l'autre. La seconde ne l'emportait que par brefs éclairs mais je la soupçonnais d'être la plus valable. » Quelques années plus tard le soupçon semble être devenu une certitude, comme elle l'écrit à la dernière page de son ouvrage *La Force des choses* (1963) : « Je pense avec mélancolie à tous les livres lus, aux endroits visités, au savoir amassé et qui ne sera plus. Toute la musique, toute la peinture, toute la culture, tant de lieux : soudain plus rien. [...] Je revois la haie de noisetiers que le vent bousculait et les promesses dont j'affolais mon cœur quand je contemplais cette mine d'or à mes pieds, toute une vie à vivre. Elles ont été tenues. Cependant, tournant un regard incrédule vers cette crédule adolescence, je mesure avec stupeur à quel point j'ai été flouée. » Quelle horrible perspective à la fin de sa propre vie de découvrir qu'on a été trompé par soi-même, par sa vie. La perspective ne dépasse pas les limites de la propre existence et reste sans issue, toujours plus tournée vers le noir d'une amertume non pardonnée.

Le regard du P. Cormier en revanche est tourné vers la miséricorde. Tandis que Simone de Beauvoir commence sa méditation sur la vie passée par le côté positif et joyeux d'une richesse culturelle acquise, le regard vers le passé du P. Cormier est plutôt empreint du regret de ne pas avoir mieux réalisé ce qu'il avait entrepris. C'est l'humilité des saints qui s'exprime ainsi ! Mais ce regret n'est pas mêlé à une sorte de tristesse, d'amertume ou mélancolie. C'est plutôt une douce joie qui se cache entre les lignes, fondée sur la confiance que l'amour divin est toujours plus fort que les faiblesses d'une vie. De plus le P. Cormier souligne l'unité de la vie passée et présente : la mère providence rhabille sans cesse le vêtement de la pureté de notre cœur, si nous avons eu la malchance de le déchirer. Et parfois l'on s'étonne que le nouveau vêtement soit plus beau que le précédent. En fait, le nouveau vêtement de notre cœur n'est pas véritablement un nouveau vêtement : c'est le même habit qui était déjà magnifique, mais qui a été encore plus magnifiquement refait. Le designer de mode est notre cœur auquel le divin couturier s'adapte. C'est justement en ce sens que Jésus nous dit dans l'Évangile : « Ne prenez pas de tunique de rechange », en d'autres termes, restez vous-mêmes, vous êtes plus précieux que toute la richesse culturelle que vous aurez pu accumuler. Et si vous regrettez vos fautes, ces fautes se transformeront sur votre habit en pierres précieuses : *Felix culpa,* heureuse faute! En ce sens, la garde-robe évangélique est plus belle que la beauté de toutes les fleurs du monde réunies, elle est plus belle que la garde-robe du roi Salomon et de tous les rois et empereurs de l'univers. Toutes ces garde-robes ont été mangées par les vers. Notre véritable garde-robe, c'est le Christ. Par notre baptême nous avons revêtu le Christ. Nous sommes tous devenus un autre Christ. Si le Christ est notre seule et unique tunique, qu'avons-nous encore besoin de changer de vêtements? Autrement dit, comment pouvons-nous encore oser préférer autre chose au Christ? Et comment est-il possible de jeter un regard mélancolique sur la vie qui est finalement basée sur la joie d'appartenir au Christ et à sa miséricorde?

Le contemporain du P. Cormier, le philosophe allemand Nietzsche, ne voulait pas trop entendre parler de la miséricorde, ni de Dieu d'ailleurs, mais au moins était-il d'accord avec le dominicain en s'exclamant : « La mère de la débauche n'est pas la joie, mais l'absence de joie. » Le P. Cormier aurait ajouté que la débauche, le péché et toutes les sortes d'égoïsmes se manifestent justement parce que la vie a perdu son fondement qu'est la joie. Sans la joie d'appartenir au Christ, nous ne pouvons pas vivre. D'ailleurs, la débauche du fils prodigue n'a pas commencé au moment où il décida de dépenser sa fortune avec des filles de joie, après avoir quitté la maison paternelle. La débauche n'a pas commencé non plus quand il demanda à son père sa part d'héritage. La débauche avait déjà commencé quand son cœur s'était détourné de la source de sa vie, la maison paternelle. Et ce qui est étonnant, c'est que le père accepte cette liberté de son fils. Il peut l'accepter, car il sait que son enfant peut bien se séparer de son amour, mais que lui en revanche ne pourrait jamais se séparer de son enfant et de son amour paternel pour lui. L'amour initial du père – et c'est encore un paradoxe, mais c'est vrai –, l'amour initial du père – ineffaçable du cœur de son enfant – l'accompagne même dans la débauche la plus terrible. C'est pour cette raison que la miséricorde du père ne commence pas seulement au moment où le fils prodigue retourne à la maison; au contraire, elle a commencé bien avant qu'il ait quitté la maison du père : la miséricorde a commencé au moment de son premier battement de cœur. La miséricorde ne veut rien dire d'autre que l'amour continu et éternel de notre Seigneur durant notre vie avec ses hauts et ses bas. Le problème est juste que nous oublions trop souvent dans notre vie quotidienne cette source fondamentale de notre existence, cette source qui est également la seule et unique source possible d'une joie que rien au monde ne pourra dépasser.

La joie devient ainsi le pont entre le temps et l'éternité. Dieu ne veut pas la mort ni la mélancolie du pêcheur, mais qu'il vive et qu'il soit heureux. N'ayons donc pas peur d'être aimés par Jésus avec et dans nos faiblesses, n'ayons pas peur d'être joyeux. Le P. Cormier nous repose alors la question : *Le temps passe. Passe-t-il bien ?* Finalement oui ! La joie est dans le nom du Seigneur – qui a fait le ciel et la terre.

POUR ALLER PLUS LOIN

Bibliographie

– Bedouelle Guy-Thomas, Berceville Gilles, *Être à Dieu – Le Père Cormier,* Paris, 1994.

– Fresneau Jean, *Bienheureux Hyacinthe-Marie Cormier,* Orléans, 1998.

– Genevois Marie-Albert, « Cormier, Hyacinthe-Marie », dans *Dictionnaire de spiritualité,* t. II-2, Paris, 1953, col. 2329-2336.

– Lenzetti Benoît, *Le P. Hyacinthe M. Cormier – Articles du procès informatif de béatification et canonisation du Serviteur de Dieu,* Rome, 1935.

– Montagnes Bernard, *Exégèse et obéissance. Correspondance Cormier-Lagrange (1904-1916),* Paris, 1989.

Dans l'esprit du P. Cormier et sa devise « L'amour de la Vérité » a été fondé le 21 septembre 2010 au couvent des Dominicains de Marseille le Centre Cormier. Il invite par ses diverses activités intellectuelles, spirituelles et culturelles à l'étude et à la réflexion sur l'homme, son existence et la pleine réalisation de sa vocation et de sa relation avec Dieu.

Le Centre Cormier propose ainsi des cours et des conférences en matière de philosophie, de théologie, d'histoire et de sciences naturelles. Il s'est engagé également dans le domaine du soutien des élèves et des étudiants :

- soutien des lycéens dans leur préparation au baccalauréat, en proposant des compléments de cours et des exercices d'entraînement à l'écrit et à l'oral;
- préparation aux concours d'entrée aux Instituts d'études politiques de Paris et de province (Aix-en-Provence, Grenoble et Bordeaux). Composée de cours, de travaux dirigés, de devoirs sur table dans les conditions d'examen, cette préparation concerne essentiellement l'histoire-géographie, la culture générale, les langues vivantes, le français, la philosophie politique et les questions d'actualité.

– soutien des candidats aux concours d'entrée de l'enseignement privé et public en leur proposant des compléments de cours, des examens blancs et en leur faisant découvrir la pédagogie dominicaine.

Centre Cormier
Couvent des Dominicains
35, rue Edmond-Rostand
13006 Marseille
www.centre-cormier.com
centre.cormier@gmail.com

REMERCIEMENTS

Tous mes remerciements à Mme Marie Pignon et Mme Christine Salloum pour les suggestions et corrections apportées à cet ouvrage.

TABLE DES MATIÈRES

DANS LA MÊME COLLECTION

Albert Schweitzer par Mathieu Arnold, n° 156
Alexandre Men par Michel Edvokimov, n° 139
Alphonse de Liguori par Jean-Marie Ségalen, n° 17
Antoine Bloom par Michel Edvokimov, n° 159
Antoine Chevrier par Christian Delorme, n° 108
Antoine de Padoue par Pio Murat, n° 67
Benoîte Rencurel par René Combal, n° 79
Bernadette par François Vayne, n° 27
Calvin par Gill Daudé, n° 128
Catherine de Sienne par Chantal van der Plancke et André Knockaert, n° 20
Catherine Labouré par Élisabeth Charpy, n° 141
Charles de Foucauld par Michel Lafon, n° 16
Charles Péguy par Pierre Deruaz, n° 85
Chiara Lubich par Florence Gillet, n° 127
Chiara Luce par Florence Gillet, n° 164
Christian de Chergé par Christian Salenson, n° 102
Christophe Lebreton par Henry Quinson, n° 112
Claire d'Assise par Marie-France Becker, n° 55
Claire Monestès par Marie-France Boutemy, n° 144
Claude-François Poullart des Places par Jean Savoie, n° 124
Columba Marmion par R. Ferdinand Poswick, n° 83
Daniel Brottier par Alphonse Gilbert, n° 81
Dietrich Bonhoeffer par Mathieu Arnold, n° 106
Dom Helder Camara par Marie-Jo Hazard, n° 72
Don Bosco par Jean-Marie Petitclerc, n° 179
Édith Stein par Michel Dupuis, n° 46
Edmond et Marie Michelet par Benoit Rivière, n° 35
Élisabeth de la Trinité par Jean Rémy, n° 44
Emmanuel d'Alzon par Jean-Paul Périer-Muzet, n° 75
Emmanuel Mounier par Jean-François Petit, n° 51
Etty Hillesum par Pierre Ferrière et Isabelle Meeûs-Michiels, n° 91

Louis et Zélie Martin par Hélène MONGIN, n° 143
Louis Massignon, par Maurice BORRMANS, n° 186
Louise de Marillac par Élisabeth CHARPY, n° 105
Louise-Thérèse de Montaignac par Mgr François TRICARD, n° 189
Louis-Marie Grignion de Montfort par Véronique PINARDON et Jean BULTEAU, n° 21
Luther par Mathieu ARNOLD, n° 28
Madeleine Daniélou par Marie-Thérèse ABGRALL, n° 58
Madeleine Delbrêl par Bernard PITAUD, n° 29
Maître Eckhart par André GOZIER, n° 10
Marcel Van par Jean-Philippe AUGER, n° 129
Marguerite Hoppenot par Albéric DE PALMAERT, n° 182
Marie au cœur de ses apparitions par François VAYNE, n° 178
Marie Céleste Crostarosa par Jean-Marie SÉGALEN, n° 96
Marie de Jésus Crucifié par William Marie MERCHAT, n° 151
Marie de Jésus Deluil-Martiny par Bernard LUCCHESI, n° 107
Marie de la Passion par Marie-Thérèse DE MALEISSYE, n° 36
Marie Guyart de l'Incarnation par Gabrielle NOËL, n° 63
Marie Rivier par Daniel COFFIGNY, n° 131
Marie-Louise Monnet par Micheline POUJOULAT, n° 149
Marthe Robin par Henri-Marie MANTEAU-BONAMY, n° 33
Martin-Luther King par Christian DELORME, n° 30
Maurice Blondel, par Yvette PÉRICO, n° 188
Maurice Zundel par Marc DONZÉ, n° 25
Mère Teresa par Mgr Francesco FOLLO, n° 78
Mgr Rodhain par Jean-Marie LÉVRIER-MUSSAT, n° 52
Michel Quoist par Christiane GAUD-DESCOULEURS, n° 80
Monsieur Olier par Bernard PITAUD, n° 111
Nelson Mandela par Emmanuel LAFONT, n° 174
Nicolas de Flue par Philippe BAUD, n° 64
Padre Pio par Jean-Dominique DUBOIS, n° 57
Paul Claudel par Yves HABERT, n° 87
Paul VI par le cardinal Paul POUPARD, n° 24

Sainte Jeanne de France par Jean-François Soubrier, n° 48
Sainte Jeanne de Lestonnac par Colette Codet de Boisse et Françoise Lacaze, n° 166
Sainte Jeanne Delanoue par Renée Rogue, n° 113
Sainte Jeanne-Antide Thouret par Mgr Lucien Daloz, n° 110
Sainte Rita par André Bonet, n° 154
Silouane par Maxime Egger, n° 65
Simone Weil par Martin Steffens, n° 125
Sœur Faustine par Patrice Chocholski, n° 101
Thérèse Cornille par Lucienne Sallé, n° 95
Thérèse Couderc par Hélène Caumeil et Chantal de la Forge, n° 90
Thérèse d'Avila par Jean Abiven, n° 11
Thérèse de Lisieux par Constant Tonnelier, n° 19
Thomas More par Jacques Mulliez, n° 134
Trois bienheureuses Sœurs de Charité de la Sainte-Croix, par Sœur M. Benedicta Roggen, n° 168
William et Catherine Booth par Corinne Gossauer-Peroz, n° 119
Yves Congar par Daniel Blaj, n° 152

Pour être tenu informé des publications des éditions Nouvelle Cité et recevoir notre catalogue, veuillez adresser vos coordonnées à :

Éditions Nouvelle Cité
Domaine d'Arny
91680 Bruyères-le-Châtel
France

ou à :

editions@nouvellecite.fr

NOM : ....
Prénom : ....
Adresse : ....
....
Code postal : ....
Ville : ....
Pays : ....
email : ....

Je souhaite être informé(e) des publications de la maison d'édition Nouvelle Cité.

www.nouvellecite.fr

Achevé d'imprimer en août 2016
sur les presses de la Nouvelle Imprimerie Laballery
58500 Clamecy
Dépôt légal : août 2016
Numéro d'impression: 607308

Imprimé en France

La Nouvelle Imprimerie Laballery est titulaire de la marque Imprim'Vert®